読者限定

ことりっぷ co-Trip

奈良・飛鳥

電子書籍が 無料ダウンロード できます♪

電子書籍のいいところ

購入した「ことりっぷ」が
いつでも
スマホやタブレットで
持ち運べますよ♪

まずは
ことりっぷアプリを
ダウンロード

詳しくは裏面で

いってきます。

奈良・飛鳥に行ったら…

奈良・飛鳥に着きました。

さて、なにをしましょうか?

古都への旅は、お寺や神社、史跡はもちろん、懐かしい感覚のまちなみ、老舗ホテルやカフェも。歴史ある昔と奈良らしさを感じる今を楽しみましょう。

まず訪れたいのは東大寺。そして、興福寺や春日大社へ。世界遺産の数々や鹿との出会いに、奈良を訪れた実感が湧きます。奈良市内だけでなく、法隆寺のある斑鳩や古代ロマンを感じる飛鳥、桜の名所として知られる吉野。南北に長い県内各所に見どころがあるので、計画的にめぐりましょう。

町家の面影を今に伝える、ならまち。どこに続くかわからない細い道が、迷路のように感じられます。P.40

check list

- □ 春日大社でのんびり過ごしましょう P.16
- □ 東大寺で奈良の大仏さんに会う P.18
- □ ならまちをゆったり散策 P.40
- □ 奈良ホテルに泊まる P.64
- □ 法隆寺など斑鳩で飛鳥時代に思いをはせる P.72
- □ 飛鳥をサイクリング P.90
- □ 吉野で山桜を見た後は葛をいただきます P.118
- □
- □

灯籠が並ぶ春日大社の回廊は、神秘的。よく見ると、少し形の違うものもあり面白さを感じます。P.16

聖徳太子に縁あるお寺が多い斑鳩へ。まず法隆寺を起点にほかの寺院へも足を運びましょう。P.72

一目千本といわれる吉野の美しい桜。シロヤマサクラを中心におよそ3万本を堪能しましょう。P.112

田園風景が広がる飛鳥には、奈良時代以前の歴史がいっぱい。日本の原風景と出会える場所です。P.86

奈良・飛鳥に行ったら…

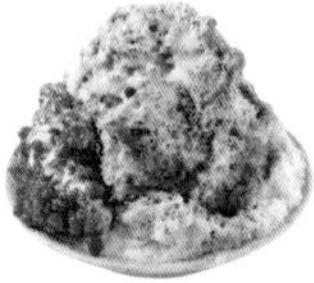

なにを食べましょうか？

地元でも有名な柿の葉ずしの平宗奈良店。小ぶりサイズで食べやすく、香りのいい奈良の伝統食です。P.36

奈良の特産物を使った郷土料理に、大和野菜を使ったカフェメニュー。奈良においしいもの、ありです。

大和茶を使う茶粥、柿の葉で包む寿司、葛による料理や和菓子など、奈良らしい味わいがいろいろ。伝統の大和野菜たっぷりのヘルシーランチも人気です。旬の素材を生かしたカフェの手作りスイーツもお楽しみ。

check list

- ☐ 奈良公園のすてきなカフェへ P.14
- ☐ 純氷を使ったかき氷 P.28
- ☐ ならまちで昼ごはん P.42
- ☐ 斑鳩のごはんとスイーツ P.74
- ☐ 山の辺の道で多彩な素麺 P.81
- ☐ 上質な吉野葛の和菓子 P.118
- ☐
- ☐

奈良にはかき氷ファン注目のお店がたくさん。バリエーション豊かなかき氷を食べ比べしてみましょう。P.28

なにを買いましょうか？

奈良の特産品を使うおいしいものがいっぱい。柿を使ったお菓子はおみやげに人気です。P.38

ふだん使いができる伝統工芸品や、おみやげに喜ばれる和菓子や大和茶。かわいい鹿のアイテムもいっぱいですよ。

手織り麻布や蚊帳生地など、伝統的な奈良の素材を使ったすてきな生活雑貨がいろいろ。社寺ゆかりの和菓子など、古人が偲べる食べ物をみやげにするのもおすすめです。奈良のアイドル、鹿グッズもお忘れなく。

店主のセンスが光るギャラリーや雑貨ショップは地元でも話題。えりすぐりの品に出会えます。P.60

check list

- ☐ 職人技が光るアイテム P.30
- ☐ 鹿デザインのアイテム P.32
- ☐ 特産物を使った甘いもの P.38
- ☐ ならまちの和菓子 P.46
- ☐ 作家メイドの生活グッズ P.48
- ☐ アンティーク雑貨 P.60
- ☐
- ☐

小さな旅のしおり

今週末、2泊3日で奈良・飛鳥へ

**世界遺産の社寺など見どころが集まる奈良市内からスタート。
もちろん、グルメやショッピングもたっぷり楽しんで。
3日めは飛鳥に移動して、ロマンあふれる古代の里をめぐります。**

1日め

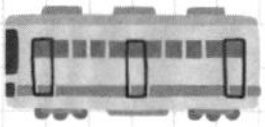

9:30
近鉄奈良駅に到着。
観光案内所でマップを入手して、
歩いて奈良公園へ。

10:00

石燈籠が立ち並び緑あふれる参道を歩いて**春日大社** P.16へ。1000基もの釣燈籠が吊るされる回廊をはじめ、境内は神秘的な雰囲気。

12:00
興福寺 P.20には東金堂など国宝の建造物が多数。約300年ぶりに再建された中金堂があります。国宝館で阿修羅像など仏像の拝観も。

13:30
ランチは**粟 ならまち店** P.42で、奈良の恵みをふんだんに取り入れた御膳を。

14:30
猿沢池の近くにオープンした話題のスポット**鹿猿狐ビルヂング** P.26や、昔ながらの町並みが残る**ならまち** P.40を散策。個性ある雑貨店も多いので立ち寄ってみて。

遊び心のある鹿アイテムを

15:30
こだわりの大和茶カフェ、**茶樂茶(SARASA)** P.34でひと息。紫いもモンブランなどのスイーツもおすすめ。

18:00
旬彩ひより P.36でディナーを。
大和伝統野菜など新鮮な奈良の食材を生かすコースが味わえます。

20:30
今回の宿泊先はゲストハウス、**宿 一灯** P.63へ。奈良のクリエイターたちが手がけて町家を改装した、こだわりの空間です。

2日め

8:00

宿に荷物を置いて身軽におでかけ。**MIA'S BREAD本店** P.35のサンドイッチで朝食を。食べ終わったら、朝の爽やかな**奈良公園**を散策しましょう。

たくさんの
かわいい鹿が
おでむかえ

10:00

近鉄奈良駅から、西ノ京へ。**薬師寺と唐招提寺** P.70の2つの世界遺産を訪ねましょう。周囲ののどかな田園風景も魅力です。

13:30

ならまちに戻り、人気の**そうめん処スルスル** P.43でランチ。フレンチを取り入れた新感覚そうめんが味わえます。

季節のタルトが
おすすめの
cafe zuccu
P.59

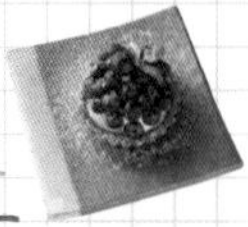

陶器や山野草を扱う
あんず舎 P.61

15:00

閑静な通りにセレクトショップやカフェが点在する**高畑** P.56へ。**満月アンティーク** P.61でアクセサリーなどお気に入りを探して。

18:00

近鉄奈良駅周辺まで散策し、ディナーは予約した**かやく飯とお酒　かやく** P.55へ。だしの香りが食欲をそそるかやく飯を味わいましょう。

20:30

今日の宿も、**宿　一灯**へ。2日めなので暮らすように過ごせます。ならまちの静かな夜の時間をゆったり過ごして。

3日め

9:30

チェックアウト後、近鉄奈良駅へ。電車で飛鳥駅へと向かいます。駅前でレンタサイクルを借りて出発しましょう。

11:00

季節を体感できる里山に抱かれた**飛鳥** P.90。点在する由緒ある名刹や謎に満ちた石仏を訪ねましょう。

11:30

高松塚古墳・壁画館 P.90では、古墳内部レプリカなどを展示。壁画の模写は一見の価値あり。

13:00

caféことだま P.94でランチ。趣ある店内では店主セレクトの雑貨も販売しています。

14:30

奈良県立万葉文化館 P.92は、「万葉集」をテーマにしたミュージアム。万葉の世界が身近に。

16:00

蘇我馬子が建立した**飛鳥寺** P.91へ。国内最古の仏像とされる飛鳥大仏を至近距離で拝むことができます。

17:00

自転車を返したら、橿原神宮前駅から近鉄電車に乗って帰りましょう。

プランづくりのコツ

奈良には歴史的な建造物や史跡が数多く残っています。見たいところをいくつか決めておいて、奈良市内から飛鳥、吉野方面へとまわるプランを組むのが理想的です。いずれにしても、ゆっくり歩いてまわれるように時間に余裕をもった計画を立てましょう。

1日め

近鉄奈良駅
↓
春日大社へ参拝
↓
興福寺で五重塔や阿修羅像を鑑賞
↓
旬を味わう膳でランチ
↓
趣のあるならまちを散策
↓
大和茶カフェでひと休み
↓
大和野菜の晩ごはんを
↓
宿 一灯にチェックイン

2日め

朝ごはん後、奈良公園を散策
↓
西ノ京の薬師寺と唐招提寺へ
↓
町家で新感覚そうめんを
↓
高畑の雑貨店めぐり
↓
予約して人気のかやく飯の店へ

3日め

近鉄奈良駅から飛鳥へ
↓
高松塚古墳・壁画館で
飛鳥時代に思いを馳せる
↓
古代米や明日香村の野菜を
ランチで味わう
↓
奈良県立万葉文化館で
古代の暮らしを体感
↓
日本最古の仏像がある飛鳥寺へ
↓
近鉄橿原神宮前駅

my memo

ことりっぷ co-Trip **奈良・飛鳥**

CONTENTS

奈良とその周辺

豊かな自然に囲まれ、
歴史ある古社寺が点在する奈良。
愛らしい鹿が遊ぶ奈良公園や、
町家が並ぶならまちが
駅から徒歩圏内にあり、
いろいろな楽しみ方ができるのが
奈良中心部の魅力です。

奈良を
さくっと紹介します

東大寺がある奈良公園をはじめ、古い町家が並ぶならまちなど、奈良市内には見どころがたくさんあります。周辺には、法隆寺や薬師寺など有名寺院が残るエリアが点在しています。

旅のスタートは奈良駅から

"腹が減っては観光ができぬ"
→さくっと朝ごはん&昼ごはん

JR、近鉄ともに駅周辺にはカフェなどの飲食店がたくさんあります。朝ごはんやランチをとりながら、これからの観光ルートを確認しておくとスムーズに観光ができますよ。

JR奈良駅を利用したとき

とりあえず
観光案内所へ

東口を出てすぐの奈良市総合観光案内所へ。観光案内や手荷物預かりのサービス1個600円に、観光パンフレットや観光情報収集に役立つタッチパネルなど、設備も充実しています。

重たい荷物は
コインロッカーへ

奈良駅1階のエレベーター付近にあります。ロッカーは大きさが数種類あり、料金は400～800円です。

近鉄奈良駅を利用したとき

とりあえず
観光案内所へ

奈良近鉄ビルの1階に観光案内所があります。地下のホームから東改札を出て、エスカレーターを上がってすぐです。

重たい荷物は
コインロッカーへ

改札の東出口、西出口を出てすぐのところにあります。ロッカーは大きさが数種類あり、料金は400～800円です。

買い忘れがあれば
駅ビル内の店へ

雑貨や和菓子、奈良漬などを販売するみやげ物店、お弁当や寿司の店もありますよ。

観光に関する問い合わせ先
奈良市総合観光案内所
☎0742-27-2223

二つの世界遺産を訪ね
古に思いを馳せる

西ノ京《にしのきょう》 P.70

広大な境内に伽藍が広がる、世界遺産の薬師寺と唐招提寺を中心に史跡をめぐる。

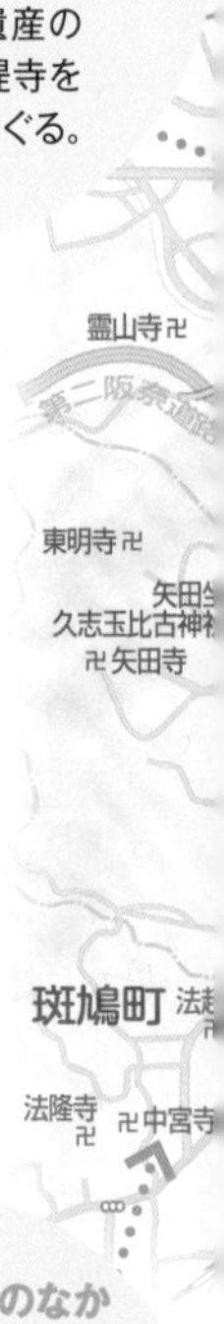

のどかな風景のなか
有名寺院を訪ねて

斑鳩《いかるが》 P.72

田園風景の中に、法隆寺をはじめとする聖徳太子ゆかりの寺院が点在する。

小さな寺院をたどり
美しい仏像と対面

P.68

佐保・佐紀路

さほさきじ

不退寺、法華寺、海龍王寺の三観音など、美しい仏像のある寺院を訪ねる。

自然いっぱいの公園と
社寺めぐりを楽しむ

P.14

奈良公園周辺

ならこうえんしゅうへん

東大寺、興福寺、春日大社など注目スポットが集中。鹿とのふれあいも楽しみ。

町家が立ち並ぶ
風情漂う路地を歩く

P.40

ならまち

元興寺の旧境内を中心とした門前町。趣ある町並みの中にはカフェや雑貨店も多い。

金魚で名高い
城下町をぶらり

P.76

大和郡山

やまとこおりやま

江戸時代に城下町として発展した面影が残る。金魚の養殖が盛んなことでも有名。

奈良の玄関口、JR奈良駅と近鉄奈良駅は徒歩で15分ほど。賑やかな商店街で結ばれています。

カフェでひと休みしながら広い奈良公園を楽しみましょう

定番スポットのひとつ奈良公園は、旅の始まりにぴったり。敷地内には東大寺や興福寺、春日大社などがあるだけでなく神の使いとされる野生の鹿とも出会えて、古都らしさを満喫できます。

寺院建築らしさを感じさせるエントランス

要予約の小さなアフタヌーンティーセット（フリーフロー 90分付）4428円は、11時～ 4部制

上生菓子と抹茶1800円。季節を映す生菓子は時々で変わる

寺院建築に魅了される茶寮

茶寮 世世《さりょうぜぜ》

江戸時代後期、1804（文化元）年に建築された旧興福寺子院「世尊院」を改修した茶寮。シルクロード終着点に由来したスパイスを活かした本格的なカレーや伝統的な茶菓子、大和紅茶などをつかうオリジナルティーなど、散策のひと休みに。

☎0742-93-6558 ⌂奈良市登大路町63 Ⓛ11:00～17:00（アフタヌーンティーセット、世世のスパイスは前日18時までに要予約）㊡無休 Ⓟなし 👣近鉄奈良駅から徒歩15分 MAP付録① E-4

要予約の世世のスパイス4807円。カレーは大和橘の香りがアクセント

色鮮やかな杉戸絵がゲストを出迎える

開放的な空間の奥には床の間もある

会いに来てね

往時の雰囲気を味わえる庭園

9時から開園する、奈良公園南端の瑜伽山園地「旧山口氏南都別邸庭園（21:30まで）」と東大寺の西側にある「吉城園（16:30まで）」は、写真映えするスポットです。

四季折々の自然による演出が美しさを増す

猿沢池園地は、月見スポットとしても知られる

1登大路園地内にある名勝奈良公園の石碑 2春日野園地、浮雲園地へむかうと池泉回遊式庭園もあり散策が楽しい 3浅茅ヶ原園地にある浮見堂は写真スポット

自然美が調和する憩いの場

奈良公園 ならこうえん

若草に萌える芝生、鹿の群れ遊ぶ風情が代表的な古都奈良のシンボル。660ヘクタールの地域にまたがる公園には、歴史的文化遺産の社寺、国立博物館、正倉院などが隣接し、猿沢池園地などの9園地と若草山、春日山原始林までを含む、類例のない歴史公園でもある。

☎0742-22-0375（奈良公園事務所）住奈良市春日野町ほか 時散策自由 ¥無料（一部有料施設有）Pなし 交近鉄奈良駅から徒歩すぐ MAP付録① F-4

四季の移ろいと奈良の食材を楽しむ

くもり時々アバロッツ。 くもりときどきアバロッツ

隣接する地元の人気レストラン「アコルドゥ」待望のカフェがオープン。くもりや雨、天気のように移り変わる旅人の心を、奈良の果物をふんだんにつかったスイーツが元気づけてくれる。テイクアウトも可能。

☎0742-77-3668 住奈良市水門町70-1-3-1 時10:00～18:00（閉店は18:30）休月曜、不定休 Pなし 交近鉄奈良駅から徒歩10分 MAP付録① E-4

素材を活かしたバスクチーズケーキ880円、アバロッツブレンド600円

入口のテラス席では、ペットも一緒に

レストランで人気のアコルドゥティラミス660円

1太陽のような黄色い壁が印象的 2レモンサブレ418円などはおみやげに

奈良公園内にある正倉院宝庫の勅封が解かれる秋。その同時期に「正倉院展」が奈良国立博物館で開催されます。

時間をとってめぐりたい 神の使いの鹿に会いに春日大社へ

原始の森に抱かれるようにたたずむ厳かな春日大社。
本社へのお参りだけでなく、摂社や末社、国宝殿や萬葉植物園など
広い境内をめぐるのは半日でも足りないくらいです。

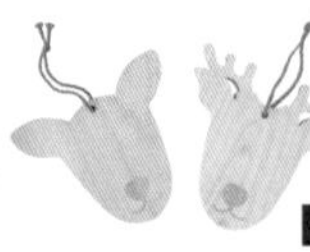

4

1境内ではゆったり歩く鹿の姿も。鹿は創建時、祭神の武甕槌命（たけみかづちのみこと）は常陸から白鹿に乗ってやって来られたという伝承から、奈良では神のお使いとして大切にされてきた 2荘厳な雰囲気の南門 3釣灯籠が印象的な回廊 4かわいい鹿の絵馬に願い事を

御《み》蓋《かさ》山《やま》にある平城京の守り神

春日大社

かすがたいしゃ

都の守り神として768（神護景雲2）年に社殿を造営したのがはじまり。皇族や貴族、武将などから幅広く信仰されてきた世界遺産。本社には朱塗りの社殿が立ち並び、縁結びなどご利益をいただける神社が点在する。

神社 ♪0742-22-7788 ⌂奈良市春日野町160 ⏰7:00～17:00（季節により変更あり）、御本殿特別参拝は9:00～16:00 休無休 ¥参拝自由、御本殿特別参拝500円 Pあり 👣バス停春日大社本殿からすぐ MAP付録① G-5

春日大社周辺道路には鹿に注意の交通標識が

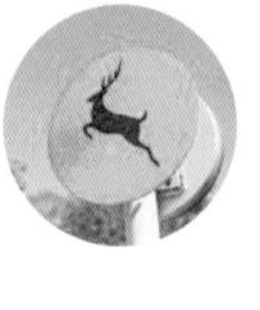

鹿モチーフのおみくじは2種。陶器製の白鹿みくじ600円、木彫りの鹿みくじ600円

国宝殿で休憩やおみやげ選びも

施設1階にはカフェ・ショップ鹿音（KAON）があり、赤い鳥居がかわいいパンケーキなどのスイーツや軽食が楽しめたり、国宝殿オリジナルグッズなどが購入できます。

平安の正倉院の
優美な王朝文化を知る

春日大社国宝殿

かすがたいしゃこくほうでん

春日大社が所有する国宝は354点、重要文化財は1482点。多くが平安期製作といわれる宝物を、テーマに沿って展示する美術館。鼉太鼓も見どころのひとつ。

☎0742-22-7788（春日大社）
住 奈良市春日野町160春日大社内
時 10:00～16:30（閉館は17:00）
休 無休 ¥500円 P あり 🚶バス停春日大社本殿からすぐ MAP 付録① G-5

春日若宮おん祭で使う日本最大級の鼉太鼓

水と光で春日の聖域を表現したインスタレーション空間も

特別展など主に春日大社所蔵の宝物を展示する大展示室

ここにも立ち寄りましょう

万葉粥は1100円。写真は桃節句でもある3月の菜の花

萬葉植物園正門横にある茶屋

万葉粥が味わえる庭園喫茶

春日荷茶屋

かすがにないぢゃや

創業当初から万葉粥1100円～が看板メニュー。1月は七草、2月は大豆など、昆布だしの利いた白味噌仕立ての月替わり粥を、旬の野菜とともに楽しんで。

☎0742-27-2718 住 奈良市春日野町160春日大社内 時 10:30～16:00
休 不定休※公式HP参照 P あり
🚶バス停春日大社表参道からすぐ
MAP 付録① F-5

植物園を語る上で外せない藤の花は20品種約200本植栽。4月中旬から5月上旬頃までが見ごろ

南蛮煙管（なんばんぎせる）の万葉名は思ひ草

萬葉植物を植栽展示

萬葉植物園

まんようしょくぶつえん

約180種類の萬葉名で詠まれた植物が登場する萬葉集。約300種の萬葉植物を植栽する植物園は、人の生活と密接に寄り添う植物を展示する。

☎080-1502-9998（直通）
住 奈良市春日野町160春日大社内
時 9:00～16:00（閉園は16:30）
休 無休、12～2月は月曜（祝日の場合は翌平日）¥500円 P あり 🚶バス停春日大社表参道からすぐ MAP 付録① F-5

1

2

3

1 正しい知恵をお授けくださる神様を祀る春日若宮。生涯安泰祈願として知られる若宮十五社めぐりの第1番納付所 2 御本社（大宮）回廊内にある風の神様、風宮神社 3 夫婦円満、良縁、福運守護の神様を祀る夫婦大国社。若宮十五社めぐりはこちらで受付を

春日荷茶屋では夏季限定でグリーンティーやかき氷、伝統の食事春日素麺も味わえます。

日本一大きな仏さまとご対面
奈良時代の栄華を物語る東大寺へ

「奈良の大仏さん」でも名高い、県内屈指の大寺院・東大寺。
創建は奈良時代にさかのぼり、世界遺産にも登録されています。
美しい仏教建築をはじめ、広い境内は見どころがいっぱい。

現在の大仏殿は1709（宝永6）年に再建されたもの

本尊の盧舎那仏坐像。2度の焼失で修復されている

大仏殿《だいぶつでん》 国宝

大仏が鎮座する大仏殿。間口約57m、奥行き約50mの世界最大級の木造建築物。

圧倒的なスケールの大仏が鎮座する

東大寺《とうだいじ》

8世紀の中ごろ、基皇太子の菩提を弔うために聖武天皇が建立した華厳宗の総本山。広い境内には、数多くの国宝建造物が建ち並び、本尊の“大仏さん”こと盧舎那仏をはじめ、天平仏の傑作がそろう。

寺院 ♪0742-22-5511 ⌂奈良市雑司町406-1
🕒8:30～16:00、大仏殿は7:30～17:30（11～3月は8:00～17:00）
休無休 ¥大仏殿600円、戒壇堂600円、法華堂600円（2024年4月から各800円） Pなし
‼バス停大仏殿春日大社前から徒歩5分
MAP付録① E-3

南大門《なんだいもん》 国宝

参道に建つ高さ約25mの大楼門。左右に立つ運慶･快慶作の金剛力士像とともに鎌倉時代に再建されたもの。

戒壇堂《かいだんどう》

仏教の戒律を授けるための場所で、中には仏法の守護神である四天王が安置されている。

「お水取り」が終わると春が訪れる

「お水取り」は、毎年3月に二月堂で催される安泰祈願の行事。約1200年前から続く法会で、「修二会」と呼ばれます。大松明を持った僧侶が走る様は迫力満点です。

お水取りの期間中にあげられるお松明

二月堂《にがつどう》 国宝

3月に行なわれるお水取りの舞台として有名。大仏殿と奈良の市街地が一望でき、とくに夕景がすばらしい。

法華堂《ほっけどう》 国宝

三月堂とも呼ばれる境内最古の建物。本尊をはじめ天平彫刻の仏像が多数安置されている。

数々の寺宝をじっくりと鑑賞

東大寺ミュージアム《とうだいじミュージアム》

法華堂から移された日光、月光の両菩薩などの仏像や、大仏開眼会に使われた伎楽面、古代瓦など東大寺に伝わる貴重な文化財を展示。企画展や特別展も開催。

ミュージアム 0742-20-5511(東大寺総合文化センター) 奈良市水門町100 9:30～17:00(11～3月は～16:30) 休 無休(臨時休館あり) ¥600円(2024年4月から800円) MAP 付録① E-4

南大門を入ってすぐ左側にある

ここでひと休み

由緒ある茶屋でひと息

龍美堂《りゅうびどう》

二月堂の南向かいにある休憩処。代々受け継いだ茶釜で沸かすお茶や甘味が味わえる。毎年お水取りに奉納する秘伝の行法味噌の販売も。

甘味処 0742-23-6285 奈良市東大寺二月堂南茶所 10:00～16:00(冬期変更あり) 休 不定休 P なし バス停大仏殿春日大社前から徒歩15分 MAP 付録① F-3

あんこたっぷりのおはぎと抹茶のセット1100円

店内には大黒天が祀られている

バラエティ豊かな奈良漬を

森奈良漬店《もりならづけてん》

南大門の近くにある奈良漬の老舗。厳選した酒粕と天然塩のみで漬け込む野菜は、ウリやキュウリといった定番から季節野菜まで多彩。

すももなど果実の奈良漬も

きざみ奈良漬 壺入1320円

漬物 0742-26-2063 奈良市春日野町23 9:00～18:00 休 無休 P なし バス停大仏殿春日大社前からすぐ MAP 付録① E-4

大仏殿裏手の講堂跡から大仏池、正倉院あたりは人も少なく、静かで心が落ち着く散策エリア。鹿も多くいます。

国宝建築の間を鹿が自由に歩く境内へ 心穏やかに興福寺を参拝しましょう

**創建1300年を超える広大な境内を持つ寺院。
天平時代や鎌倉時代の至宝を数多く収蔵・安置する国宝館では
美少年と称えられる阿修羅像と向き合う時間も持ちましょう。**

歴史をつなぐ名刹

興福寺 こうふくじ

藤原一族の氏寺として栄えた法相《ほっそう》宗の大本山。度重なる火災などにより、創建時の建物は現存しないが、名建築といわれる五重塔、天平時代の仏像をはじめ多数の文化財を収蔵する国宝館など、見どころが多い。中金堂の再建が行われ2018（平成30）年10月に落慶した。

寺院 0742-22-7755 奈良市登大路町48 境内自由(中金堂、東金堂、国宝館は9:00〜16:45) 休無休 ¥中金堂500円、東金堂300円、国宝館700円、国宝館・東金堂連帯共通券900円 Pあり 近鉄奈良駅から徒歩5分 MAP付録① D-4

創建当初の雰囲気を伝える東金堂

東金堂 国宝
とうこんどう

かつて3つあった金堂の1つで、本尊の薬師如来など多数の尊像を安置。

五重塔 国宝
ごじゅうのとう

奈良で一番高い50.1mの五重塔。焼失などで5度にわたり再建され、現在の姿は室町時代の建築によるもの。

※約120年ぶりの改修工事中。終了は2031年以降を予定

中金堂
ちゅうこんどう

焼失後約300年ぶりに本格再建。伽藍中核の本堂にあたり、釈迦如来坐像が本尊。脇侍は薬王、薬上菩薩立像で、国宝の四天王立像が周囲に並ぶ。

阿修羅像のファンクラブがあります

興福寺創建1300年を記念して結成された阿修羅ファンクラブ。会長はみうらじゅんさん。入会は国宝館受付まで。入会すると特製会員証がもらえます。

少年のような姿をした天平時代の優美な立像

戦いばかりしていた過去の自分を悔いるかのような憂いを帯びた表情が印象的。6本の腕のうち高く伸ばす二手は左に太陽・右に月を掲げていたといわれる

八部衆の中で唯一武装せず、天衣など簡素な衣をまとうのみ。力強く垂直に近い形で曲げられた第三手は、左に弓・右に矢を持っていたと考えられている

阿修羅像《あしゅらぞう》 国宝

もとは西金堂の本尊を守護していた乾漆八部衆立像の一体で、3つの顔と6本の腕を持つ。八部衆とは古代インドで信仰された異教の神々で、阿修羅は戦いを好む神だったが釈迦の教えにより改心し、仏法の守護神に。

阿修羅像はここにあります

国宝館《こくほうかん》

阿修羅像をはじめ興福寺に伝わる天平仏や鎌倉仏の傑作が数多く安置されている、仏教美術の宝庫。

北円堂《ほくえんどう》 国宝

鎌倉時代に再建された境内最古の建造物。運慶作の本尊などを安置し、春と秋に公開。

南円堂《なんえんどう》

西国三十三所第九番札所として巡礼者でにぎわう。10月17日のみ特別開扉。

ここでひと休み

猿沢池が一望できる

柳茶屋《やなぎぢゃや》

明治初期創業の茶屋。名物のわらび餅やパフェといった甘味のほか、金〜日曜のみ10食限定で用意するミニ奈良茶飯御膳2500円も名物。

猿沢池畔に建つ老舗茶屋

砂糖と白蜜をかけていただく、わらびもちとお抹茶850円

甘味処

0742-23-4763
奈良市登大路町49
11:30〜16:30
休 水・木曜
P なし
近鉄奈良駅から徒歩7分
MAP 付録① D-5

北円堂（鎌倉時代）・五重塔（室町時代）・東金堂（室町時代）に、三重塔（鎌倉時代）を入れた4棟が国宝です。

非日常を感じさせる気になる社寺や季節の行事へいきましょう

**四季折々の花に囲まれて落ち着いた時間が過ごせるお寺。
かき氷が有名な奈良らしい神社や季節を知る行事。
それぞれ魅力的なベストシーズンを狙って訪れましょう。**

コスモス寺らしくピンクに染まる秋

1 50年前からコスモス寺として知られてきた寺院。花の時期は10月から11月頃 2 春は梅が美しく、4月末からGWあたりは山吹が美しい 3 初夏はアジサイが咲き誇る 4 冬は水仙をあしらう地蔵に手を合わせて

般若寺《はんにゃじ》

飛鳥時代の創建と伝わる古刹。ご本尊は文殊菩薩として知られる。鎌倉時代の優美な国宝の楼門など歴史を感じる寺院は、数か月ごとに季節の花が入れ替わり、訪れる人の目を楽しませる。

☎0742-22-6287 ⌂奈良市般若寺町
🕒9:00～16:30（1･2月、7･8月、12月は9:00～16:00）休 無休
¥700円（季節や行事により変更あり）
P あり 👣バス停般若寺からすぐ
MAP 付録② D-1

秋は彼岸花も咲く

アジサイの季節に登場するガラスアート

コスモスの素敵なオブジェはフォトジェニック

かわいい授与品

季節の花々によるお守りに、御朱印なども授与する。

アジサイお守り1000円

コスモスお守り800円

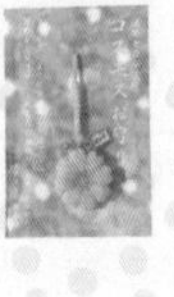

夕方から聖火行列もある若草山焼き行事

春日大社の飛火野を出発して、若草山麓の野上神社まで御神火を運ぶ「聖火行列」。総勢約40名が時代行列を夕方から行います。

美しい光に魅せられる小夜の神社

1

2

3

御例祭や献氷祭などで奉納される社殿の舞楽

氷室神社 ひむろじんじゃ

奈良時代、平城京の春日野に農作の豊凶を占う氷をつくる氷池や氷室が造られ、その守護神を祀った神社。今も製氷販売業や冷蔵冷凍業界の信仰が篤いという。

☎0742-23-7297 ⌂奈良市春日野町1-4 🕒6:00～18:00（11～3月は6:30～17:30）休無休 Ⓟあり 👣近鉄奈良駅から徒歩15分 MAP付録① E-4

1 2 氷の灯籠に蝋燭の灯がともる氷献灯。基本は毎月1日の日没から21時ごろまで。詳細は公式HPにて
3 バス通りに面している鳥居

華やかに彩る幻想的な奈良の夜

光に彩られた奈良公園へ

なら燈花会

ならとうかえ

奈良公園周辺を約2万本のろうそくの灯りが照らす行事。毎年8月5～14日の10日間を基本に、美しい浮雲園地や春日の園地など、夜のおさんぽを楽しめる。

☎0742-21-7515（なら燈花会の会事務局） ⌂奈良市登大路町～春日野町一帯 🕒19:00～21:30（予定） Ⓟなし 👣近鉄奈良駅から徒歩5～30分 MAP付録① F-4

きらきら光る浮雲園地

5エリア以上でやさしいろうそくの光が灯り、眺めるほどに癒やされる

早春を告げる伝統行事

若草山焼き行事

わかくさやまやきぎょうじ

四季折々の自然が美しい若草山。毎年1月の第4土曜日に、先人の鎮魂と慰霊、さらに奈良全体の防火や世界の人々の平安など、さまざまな願いをもって開催する。

☎0742-27-8677（若草山焼き行事実行委員会事務局/奈良県奈良公園室） ⌂奈良市春日野町（奈良公園・若草山一帯） Ⓟなし※当日は交通規制あり 👣近鉄奈良駅から徒歩5～30分 MAP付録① G-3

奈良礼賛大花火も

花火は18時15分から始まり、山焼きは18時30分から

奈良市観光協会では、毎年6～8月、蓮の花と寺めぐり「奈良・西ノ京ロータスロード」を開催しています。

myことりっぷ

奈良公園のもうひとつのお楽しみ ミュージアムをのんびりめぐりましょう

毎年秋に正倉院展が開催される奈良国立博物館をはじめ、奈良公園とその周辺には博物館や美術館が点在。緑豊かな園内を散策しながら、のんびりめぐるのもおすすめです。

1

2

3

1明治中期の代表的な西洋建築として、フレンチルネサンス様式を誇るなら仏像館では常時約100体の仏像を展示 2東西新館では、特別展や収蔵品による名品展を開催 3建築家の吉村順三が基本設計を手がけた東新館と西新館

4つのギャラリーで仏教美術を紹介

奈良国立博物館《ならこくりつはくぶつかん》

日本屈指の仏教美術専門の博物館。約1800点の収蔵品に加え、社寺などから寄託された宝物など、学術的に価値の高い品々を展示している。明治期築で重要文化財でもある「なら仏像館」をはじめ、4つの展示施設がある。

博物館 ☎050-5542-8600（ハローダイヤル）住所 奈良市登大路町50 時間 9:30〜16:30 休 月曜（祝日の場合は翌日休、臨時休あり）¥ 700円（特別展は別料金）P なし 交通 近鉄奈良駅から徒歩15分 MAP 付録① E-4

＼＼ ミュージアムショップをチェック ／／

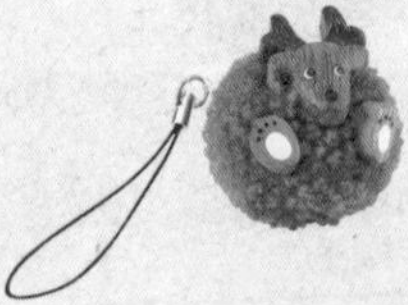

コロコロ＆ふわふわの鹿がストラップに。鹿ぼっくり550円

「元気が出る仏像シリーズ」のマグカップ。各891円

正倉院展はここで開催

毎年秋に、東西新館で開催される正倉院展。会期と出陳品については、宮内庁からの通達に基づいて、その年の夏頃に公表される。一度出陳された宝物はその後10年間は出さないという慣例があるため、毎年訪れるファンも多い。

正倉院展の開催は原則17日間

2か月弱の正倉院宝庫開封期間内で行なう正倉院展。点検＆荷造り、展示作業に各1週間、終了後も同日数を要するため、短期開催に。

（右）曾我蕭白『美人図』（奈良県指定有形文化財）（下）久米桂一郎『清水秋景図（山径晩暉）』

奈良にゆかりある作品が充実

奈良県立美術館 ならけんりつびじゅつかん

日本画家の吉川観方から寄贈された江戸時代の日本画や浮世絵、美術工芸品をはじめ、奈良にゆかりの深い作家の作品も随時収集。鎌倉時代から現代にいたるまで4600件以上の作品を所蔵し、企画展や特別展を開催。

無料の新ギャラリーを併設

美術館 ♪0742-23-3968 ⌂奈良市登大路町10-6 ◷9:00～16:30 休月曜（祝日の場合は翌平日休）、展示替期間中休 ¥展示により異なる Pなし ‼近鉄奈良駅から徒歩5分 MAP付録① D-4

名園として名高い奈良屈指の庭園

依水園・寧楽美術館 いすいえんねいらくびじゅつかん

国の名勝に指定されている総面積1万1000㎡の広大な池泉回遊式庭園。園内の寧楽美術館には貴重な青銅器や陶磁器、日本の書画類など約2000点を収蔵する。

1東大寺と興福寺の間にある静かな場所 2前園には食事処三秀亭があり食事も楽しめる

美術館 ♪0742-25-0781 ⌂奈良市水門町74 ◷9:30～16:00 休火曜 ¥1200円 Pなし ‼近鉄奈良駅から徒歩15分 MAP付録① E-4

ここでひと休み

古き良き趣ただよう木造建築

工場跡事務室

こうじょうあとじむしつ

登録有形文化財である、かつての乳酸菌飲料工場の事務室や荷造室をリノベーションした喫茶空間。古い秤や試験管などの備品も置かれるノスタルジックな雰囲気を楽しんで。

1大正時代に宮大工により建てられたレトロな建物 2天然酵母カンパーニュのパストラミサンドイッチのランチセット1450円～

カフェ ♪0742-22-2215 ⌂奈良市芝辻町543 ◷8:30～17:00（金曜は11:00～）休月～木曜（祝日の場合は営業）Pなし ‼近鉄奈良駅から徒歩15分 MAP付録① E-3

飛鳥の万葉文化館、橿原の橿原考古学研究所附属博物館など、県内には奈良の歴史を物語る個性派ミュージアムが点在しています。

伝統と革新が交差する
ならまちの「鹿猿狐ビルヂング」へ

猿沢池のほど近く、古き良き奈良の風景が広がるならまちに、
老舗・中川政七商店によるランドマークができました。
奈良初出店の飲食店も集まり、ここでしか味わえない奈良のひとときが過ごせます。

1建屋の中には小さな路地が。ならまちの景観を取り入れ、過去・現代・近未来を表現 2旧 遊中川 本店側の入り口には奈良らしい鹿よけの格子が 3中川政七商店 奈良本店の2階には全国から選りすぐりの食品も充実。1階は作家ものや奈良みやげが並ぶ

古きに学び、新しさを生む
ならまち散策の拠点

鹿猿狐ビルヂング

しかさるきつねビルヂング

休憩もおみやげ選びもここでゆったりと

1716（享保元）年から麻織物を商う中川政七商店創業の地にある、「触れる」「味わう」「学ぶ」をテーマにした複合商業施設。鹿・猿・狐の名を冠した3つの店が集い、ならまちの新たな魅力を発信する。

☎0742-25-2188（中川政七商店）住奈良市元林院町22（旧遊中川 本店と布蔵・時蔵は奈良市元林院町31-1）
営9:00～21:00（店舗により異なる）休無休 Pなし
交近鉄奈良駅から徒歩7分 MAP付録① C-5

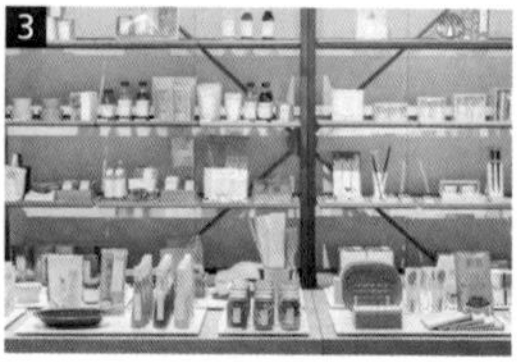

かや織ふきんは鹿猿狐柄550円や花ふきんの限定柄も

原点で麻の心地よさにふれる

旧 遊中川 本店（中川政七商店）

きゅうゆうなかがわほんてん（なかがわまさしちしょうてん）

アパレルや布雑貨が並ぶ、創業時に作業場として使われた場所。おあつらえカウンターでは好みの色でのれんや小物がオーダーできる。

営10:00～19:00

1常時20色以上の生地が出迎える 2ハンカチに鹿・猿・狐の刺繍ができるのはここだけ

季節のお菓子や選りすぐりのお茶を提供

茶論 奈良町店

さろんならまちてん

お茶の楽しみ方を提案するブランド「茶論」。自宅でお茶を愉しむためのオリジナル商品の展開に、江戸時代からの中庭を望む店内では菓子やお茶、スイーツなどが味わえる。ほかにも気軽に茶道体験ができるだけでなくイベントも。

☎0742-93-8833 営10:00～19:00（喫茶は～18:30）

テイクアウトできる濃茶ラテ700円

1季節の主菓子と薄茶のセット1650円～ 2座敷の屏風は、興福寺に仕えていた絵師の内藤其淵による江戸後期のもの

布蔵と時蔵で老舗を楽しむ

施設内は創業時からの歴史を知る「時蔵」（見学予約状況は公式HP確認）と、麻糸を紡ぎ機織り機を動かす体験ができる「布蔵」（要WEB予約）もあります。

鹿・猿・狐が集うエリアへ

1暮らし方の提案にあふれる店内 2靴下など特産を生かした限定品や、めずらしい奈良の鹿角守り1430円も 3小鹿田焼などの日常づかいのうつわたち

今の暮らしに寄り添う
オリジナル工芸品がずらり

中川政七商店 奈良本店

なかがわまさしちしょうてんならほんてん

日本各地の工芸を生かした暮らしの道具3000点以上を扱う。かや織ふきんをはじめ衣食住のオリジナル品すべてが並ぶのは本店のみ。貴重な工芸品ギャラリーやライブラリもそなえており、時間をかけてめぐりたい。

🕒10:00～19:00

幸せ味わうコーヒータイム

猿田彦珈琲

さるたひここーひー

「たった一杯で、幸せになるコーヒー屋」がモットーのスペシャルティコーヒー専門店。ていねいに焙煎、抽出した一杯で豊潤な時間を。

☎0742-25-2585 🕒9:00～21:00

町並みから着想したならまちブレンドドリップパック5パック入り1050円

1ドリップコーヒー560円～、自社オリジナルのアイスクリーム2個入580円 2ゆったりと間隔をとったテーブル席

温故知新をめざす、奈良産の食材を使った全10品の夜の㐂つねのフルコース15400円（要予約）

ミシュラン店のすき焼きを

㐂つね

きつね

一つ星レストランの「sio」が手掛ける、すき焼きをメインにしたコース料理が味わえる。ランチの㐂つねすき焼き重3080円もおすすめ。

☎0742-27-5023 🕒11:00～14:00、17:00～21:00

テーブル席から小路を眺められる

鹿猿狐ビルヂング内では、奈良の工芸に触れる体験（詳細は公式HPにて）もできます。

純氷を使うふわふわのかき氷を氷の聖地・奈良でいただきます

氷室神社がある奈良市内は、町全体がかき氷の名所でいっぱい。シロップやトッピングなどさまざまな工夫をして注目されています。バリエーション豊かなかき氷を食べ比べてみましょう。

ふわふわのエスプーマとかるい口どけに夢中

(上)ヨーグルトのエスプーマが爽やかなラズベリーハイビスカス1300円 (左)かき氷をつくる様子も見られるカウンター席がメイン

ほうせき箱

ほうせきばこ

時間をかけて凍らせた透明度の高い純氷に、ふわっと仕上げたエスプーマをのせたかき氷は一度食べたら忘れられない味と評判。季節のフルーツや奈良ならではの素材を取り入れるかき氷は、カラフルで選ぶのが楽しい。

☎0742-93-4260 ⌂奈良市餅飯殿町47(もちいどのセンター街内) 🕒10:00～11:50、13:00～17:00 休木曜 Pなし !!近鉄奈良駅から徒歩7分 MAP付録① C-5
※完全WEB予約制 シーズン通年

和菓子の名店が誇る上質な素材による氷

(上)濃く練り上げた高級抹茶ソースをたっぷりかけた濃厚抹茶ミルク氷1870円。中にはわらび餅が(下)中庭を備えた和の空間でいただける

千壽茶寮 奈良総本店

せんじゅさりょうならそうほんてん

わらび餅や銘菓で知られる「菓匠千壽庵吉宗」に併設する茶寮。季節の果物やわらび餅を使った10種以上のかき氷がそろう。和菓子店ならではの上質な素材と氷が織り成す味わいは、切れのよい甘さでスッキリ食べられる。

☎0742-23-3003 ⌂奈良市押上町39-1 🕒11:00～17:00(時期により異なる) 休水・木曜、不定休 Pあり !!近鉄奈良駅から徒歩12分 MAP付録① D-3
※予約不可 シーズン通年

パティシェの発想が光る五感で楽しむかき氷

(上)薔薇といちごのソースのフリュイルージュ・エ・ローズ890円。中にはカスタードクリームとコンポートが (下)優しい味のケーキが並ぶ

パティスリー KARAKU

パティスリーカラク

東京やパリで修業したパティシェが営む洋菓子店。夏季限定のかき氷は毎年新作があり、ベリーと薔薇のハーモニーが楽しいものやスパイスのきいたユニークなカレー氷まで、工夫を凝らしたかき氷が味わえる。

☎0742-22-0050 ⌂奈良市杉ヶ町73 🕒10:00～19:00(かき氷は～17:30) 休不定休 Pあり !!近鉄奈良駅から徒歩13分 MAP付録① B-6
※予約不可 シーズン4月初旬～10月下旬

冊子『奈良かき氷ガイド』を参考に

奈良かき氷ガイド製作委員会が制作する、毎年夏を前に発行される無料冊子『奈良かき氷ガイド』。県内のおいしいかき氷を紹介しています。

奈良食材への愛情をたっぷり込めたベジ氷

(上)トマトの爽やかな風味が新鮮なポモドーロ・アランチャ・キャラメート・ショコラ1100円(左)吹き抜けがあり明るい店内

奈良イタリアン Bambuno

ならイタリアンバンブーノ

奈良食材にこだわるイタリアンレストラン。真っ赤なトマトのベジ氷は、中にキャラメルオレンジやショコラがたっぷりとしみ込みジェラートのような味わい。食材の意外な組み合わせによる創造性あふれる一杯を楽しんで。

☎0742-27-0072 奈良市今御門町22 ⏰11:30〜21:00(カフェ営業・かき氷の提供は14:30〜17:00、詳細はSNS要確認) 休火曜 Ⓟなし 近鉄奈良駅から徒歩14分 MAP付録① C-5 ※予約可 シーズン5〜11月

お茶専門店で味わうシンプル氷

(上)ほうじ茶ラテ氷440円。葛もち＋660円などトッピングも(左)ウッディ調のカフェス空間にお茶の販売もある店内

おちゃのこ

奈良の大和茶と台湾茶に、地元素材を使う甘いものが味わえるカフェ。かき氷は、薄く削られた極薄氷が特徴。食物繊維が豊富な擂茶などのお茶系からフルーツ系まで、自家製シロップが味わい深い。

☎0742-24-2580 奈良市小西町35-2コトモール1F ⏰11:00 〜 18:00 休第3水曜 Ⓟなし 近鉄奈良駅から徒歩5分 MAP付録① C-5 ※予約不可 シーズン通年

大人な味わいのかき氷を優雅な空間で堪能

(上)ゴディバリキュールをアクセントにしたエスプーマがたっぷりのカフェモカ氷1600円(左)落ち着いた雰囲気で味わえる

ホテル日航奈良 ロビーラウンジファウンテン

ホテルにっこーならロビーラウンジファウンテン

ホテル日航奈良のラウンジカフェの人気メニュー。ふんわり削った純氷にエスプーマをたっぷりかけたやさしい口どけが魅力。毎年新作があり、季節や月ごとに内容を変えて楽しめるよう創意工夫をしたかき氷が味わえる。

☎0742-35-6621 奈良市三条本町8-1 ⏰13:00〜18:00 休木曜(祝日の場合は営業) Ⓟあり JR奈良駅直結 MAP付録① A-5 ※予約不可 シーズン通年

氷室神社 P.23では、全国各地から製氷・販売業者が参列し今年の業績成就を祈願する献氷祭が5月1日に行われます。

暮らしを豊かにしてくれる奈良の気になるクラフト

古くから受け継がれてきた素材や職人技を生かし、
今のライフスタイルにもしっくりくるモノたち。
長く大切にしたい、奈良だからこその逸品に出会えるお店をご紹介します。

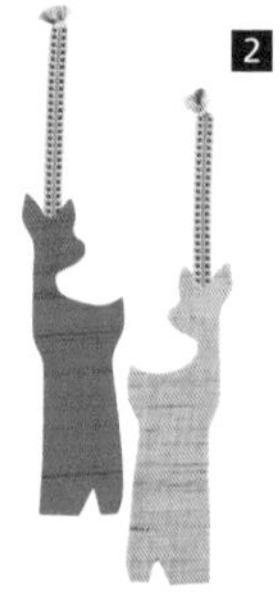

1 おみやげにぴったりの鹿柄がかわいいあゆみ鹿トートバッグ4400円、森の鹿朱印帳ポーチ2640円、森の鹿ティッシュ入れ550円、あゆみ鹿ミニがま口1650円、あゆみ鹿ポーチ1980円 2 手織り麻で仕上げた、鹿のしおり各242円 3 豊富なカラー展開のふきん各770円。綿100%の蚊帳生地を重ね合わせ、吸水性や速乾性にも優れている 4 蚊帳生地の服もある

使うほどに味が出る 天然素材を彩り豊かに

幡・INOUE 東大寺店

ばんイノウエとうだいじてん

カフェを併設したみやげ&雑貨店。手織りした麻を中心に、奈良の伝統文化を守りながらも時代に沿った新しい生活を提案する。麻の風合いを生かしたバッグやテーブルウェア、綿100%の蚊帳生地のショールなど、多彩なカラーから選べるのもうれしい。

0742-27-1010 奈良市春日野町16 夢風ひろば内 10:00～18:00 休 木曜（季節により変更あり） P あり 近鉄奈良駅から徒歩15分 MAP 付録① E-4

麻糸の素朴な風合いを 暮らしのアイテムに

麻布おかい 奈良店

まふおかいならてん

奈良晒の老舗織元「岡井麻布商店」による多彩な麻製品がそろう。注目は、6代目による新ブランド「Mafu a Mano」。手紡ぎの麻糸そのものの風合いを生かし、現代の暮らしに寄り添うアイテムを展開している。

0742-26-7010 奈良市橋本町7-1 10:00～19:00 休 不定休 P なし 近鉄奈良駅から徒歩5分 MAP 付録① C-5

1 Mafu a Mano麻布 小495円。ふきんやハンカチなど自由に使える3サイズ 2 コーヒーフィルターと、お茶を煮出す時などに使える「ちゃんぶくろ」各770円

3 熟練した技術が必要な大和機。週末を中心に不定期で店頭実演も行う 4 高級麻織物の奈良晒から手ごろな麻アイテムまで豊富な品ぞろえ

かわいらしい奈良絵の原点

池田含香堂の扇子に描かれている、奈良絵。奈良時代に釈迦の生涯を描いた絵巻に登場する絵図が、原画になっているそうです。

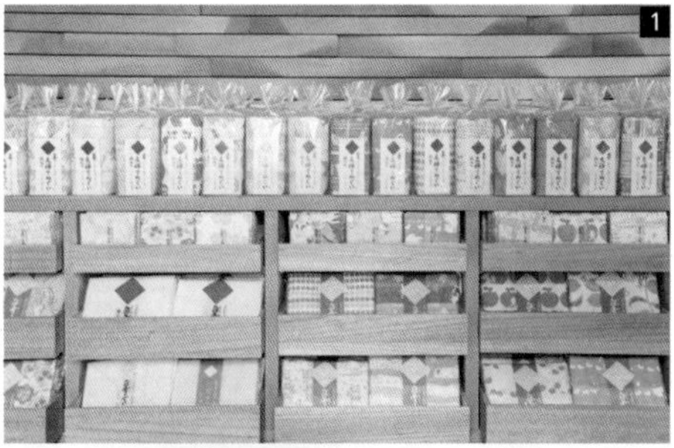

❶てぬぐいやバスタオル、ポーチなど多彩な商品がそろう ❷正倉院文様が華やかな奈良限定商品。白雪友禅ふきん495円、白雪友禅はんかち528円 ❸住宅街の中にある一軒家。看板と白い暖簾が目印 ❹奈良らしい鹿モチーフやポップな絵柄、コラボアイテムなど種類豊富なデザインからお気に入りを見つけて

やさしい手ざわりと機能性
多彩なデザインも魅力

白雪ふきん

しらゆきふきん

看板商品「白雪ふきん」をはじめ、蚊帳生地の特性を生かした布アイテムが評判。吸水性や丈夫さ、使うほどにやわらかくなる手ざわりの良さが愛されている。友禅染による150種以上ものデザインから好みの色柄を探すのも楽しい。

☎0742-22-6956 ⌂奈良市南紀寺町5-85 ⏰10:00～17:00（土曜は～16:00）休日曜、祝日、第1･3･5土曜 Pあり バス停南方町からすぐ MAP付録② D-3

繊細な手仕事による
美しさと使い心地

池田含香堂

いけだがんこうどう

奈良団扇を手がける唯一の専門店。創業以来170余年、代々受け継がれてきた技術で作られる団扇は、透かし彫りや和紙の色合いといった美しさだけでなく、軽く丈夫な造りで実用性も兼ね備えている。

☎0742-22-3690
⌂奈良市角振町16
⏰9:00 ～ 19:00
休無休（9～3月は月曜休）
Pなし 近鉄奈良駅から徒歩5分
MAP付録① C-5

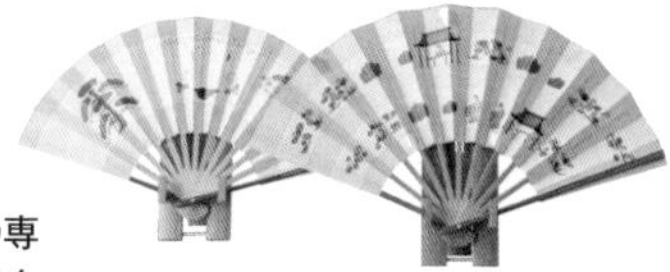

表に奈良絵、裏に松竹梅などの縁起物が描かれている奈良絵扇子3520円

正倉院の屏風の図様を元にした樹下鹿草花6600円、天平文様が華やかな中正3520円

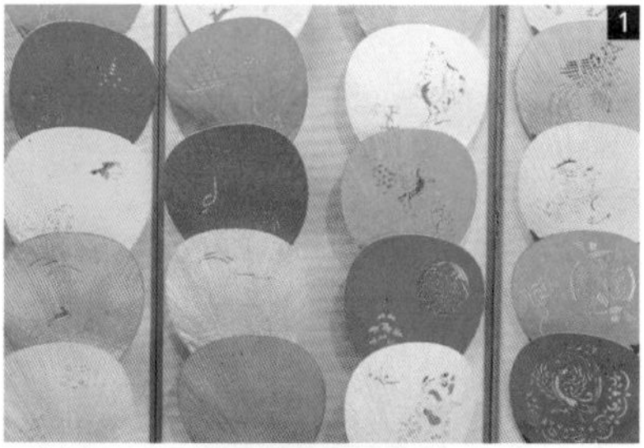

❶❷奈良時代に春日大社の神官が作ったものが起源とされる奈良団扇2200円～。正倉院文様、鹿や興福寺の堂宇など奈良らしいさまざまなデザインがそろい、日常使いにおすすめの手ごろなものも

ならまちのなら工藝館では、一刀彫や赤膚焼など奈良の伝統工芸品を展示。販売コーナーもあります。☎0742-27-0033 MAP付録① C-6

見ているだけでしあわせ気分 かわいい鹿デザインみつけた

**奈良と聞いて連想する人も多い、かわいい鹿たち。
さまざまな鹿アイテムに出会えるのも奈良の楽しみのひとつです。
思わず欲しくなる愛らしいデザインは、どれにしようか迷ってしまいそう。**

遊び心もたっぷり

奈良にまつわるモチーフを染めた奈良の注染手提げ1320円。手ぬぐい生地で軽く、旅のお供にも便利

陶製の鹿におみくじが入っている奈良みくじ幸運の白鹿550円。大吉から末吉まで5種あり

奈良県産の赤米を練りこんだ鹿型の香ばしいスナック菓子。しかじか米こがし各691円

キュートな文具に思わず笑顔

(左)色合いがかわいいレターセット550円、(右)書類の整理が楽しくなりそうなリアル大仏クリップ880円

刺繍で作られた鹿のおしりしおり638円。振り向いた鹿の表情と白いお尻が愛らしい

よくしゃべる鹿のふせん528円。表情豊かな鹿にメッセージを託せば、思いが伝わりそう

中川政七商店 分店 土産 奈良三条店

なかがわまさしちしょうてんぶんてんみやげならさんじょうてん

「ここにシカない奈良の手仕事との出会い」をコンセプトにした、中川政七商店のみやげ専門店。奈良の特産品や職人が絵付けしたものなど多彩な品々が並び、ここでおみやげをまとめ買いする人も。

店内には作り手の温もりが感じられるユニークなみやげものがずらり

☎0742-23-5650
住 奈良市角振新屋町1-1 ファインフラッツ奈良町三条1F 時 10:00〜19:00
休 無休 P なし
交 近鉄奈良駅から徒歩3分 MAP 付録① C-5

coto mono

コトモノ

鹿や大仏をモチーフにした店のオリジナル文具「ならうふふ文具」をはじめ、店には懐かしさを感じる文具やユニークな雑貨が所狭しと並ぶ。持っているだけで楽しくなりそうなグッズは、おみやげにもぴったり。

路地裏にたたずむ店には靴を脱いで上がる。レトロな空間でゆったり選べる

☎0742-81-9944
住 奈良市公納堂町6西2
時 11:00〜18:00(土・日曜、祝日は10:00〜)
休 火曜、不定休 P なし
交 近鉄奈良駅から徒歩15分 MAP 付録① D-6

奈良の伝統行事「鹿の角きり」

雄鹿の角を切る「鹿の角きり」は、江戸時代から続く奈良の伝統行事。毎年10月上旬に春日大社境内「鹿苑角きり場」で行なわれています。

和紙の質感を活かした雑貨

奈良の郷土玩具である五色鹿が優しい風合いで描かれたオリジナル絵葉書3枚330円

表と裏それぞれに五色鹿のイラストが入った奈良のぽち袋5枚入り330円

陶芸家の向坂典子さんによるやさしい表情の鹿。型に和紙を張って仕上げる竹紙張り子2750円

スマートな鹿デザイン

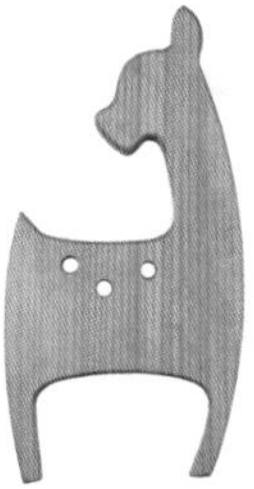

吉野杉を切り出して天然オイルで磨き上げた鍋敷き2900円。オブジェにもおすすめ

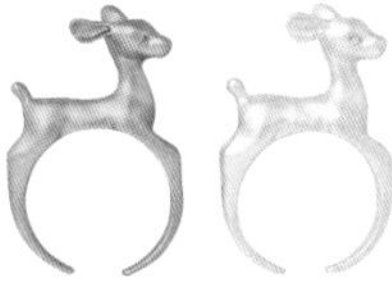

どこから見ても鹿リング各1800円。鹿のフォルムで、手をチャーミングに彩ってくれそう

立体の小さな鹿が片足を上げるかわいい姿にほっこり。子鹿のミニチャーム780円（全4色）

藤田芸香亭

ふじたうんこうてい

もとは紙問屋を営んでいた和紙の老舗。和紙ならではのあたたかい質感を感じる小物や美術工芸品がそろい、風景や人形を描く切り絵、貼絵のカードなども人気。昭和初期に建てられた木造建築の和モダンな雰囲気も素敵。

漉き方が異なるものなど種類豊富な和紙を扱う。2階はギャラリースペース

☎0742-22-2082
住 奈良市光明院町12
時 11:00～18:00
休 木曜、不定休 P なし
近鉄奈良駅から徒歩7分
MAP 付録① C-5

ジュエヌ

300以上という鹿アイテムが並び、その約8割がオリジナル。ポップな色合いのアクセサリーや、奈良の風物詩をイメージしたポストカードなど、ヨーロッパのアンティークを思わせるおしゃれなテイストは、鹿好きならずともファンに。

大正期築の和空間に鹿アイテムが勢ぞろい。奥の間では日本の古い物も並ぶ

☎0742-26-1868
住 奈良市水門町53
時 11:30～17:00
休 月・火曜 P なし
近鉄奈良駅から徒歩10分 MAP 付録① E-4

雌鹿たちの出産シーズンは毎年5月中旬から7月頃。夏には奈良公園で、今年生まれた子鹿に出会えることも。

地元の人にも愛される街なかカフェでゆったり

奈良駅や奈良公園からもほど近い街の中心部にあり、こだわりのお茶やコーヒー、スイーツやパンで人気のカフェがこちら。気ままな観光や散策の合間に、ちょっとひと息入れましょう。

大和茶でほっとひと息 心地よい時間が流れるカフェ

茶樂茶（SARASA）

さらさ

「五感を楽しむ」がコンセプトの大和茶カフェ。インテリアや器などこだわりの詰まった空間で、奈良県産の茶葉を使った抹茶やブレンドティーと、和洋折衷のスイーツが味わえる。

☎0742-95-9693 住奈良市公納堂町6-1 ⏰11:00～18:00 休月・金曜 Pなし 👣近鉄奈良駅から徒歩14分 MAP付録① D-6

七輪で焦げ目をほんのりつけていただく

1紫いもモンブラン1320円と煎茶ブレンド 華Hana913円 2やまとみどりを使った抹茶660円。目の前でお茶を点ててくれる 3みたらし団子を七輪で858円。醤油たれ、あんこ、大和抹茶蜜の3種が付く

季節の味を楽しみに訪れて♪

1黒糖パンを使った旬のフルーツサンド990円 2パイナップルの器に盛りつけられ、いろいろな果物が楽しめる、くだもの狩り「果実園」1430円～ 32種類のくだものを同時に味わえる季節のスムージー。ももすもも770円～

食べごろフルーツをスタンド形式で気軽に

堀内果実園

ほりうちかじつえん

奈良の西吉野町にある老舗果実園の直営。二層で楽しむスムージーや、スイーツ系と新感覚のおかず系がそろうサンドなど、完熟フルーツのおいしさが楽しめる。夏の果実氷といった季節限定メニューも要チェック。

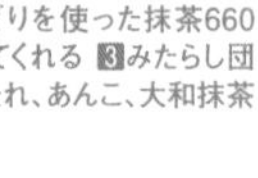

☎0742-93-8393 住奈良市角振町23 ⏰10:00～18:30 休無休 Pなし 👣近鉄奈良駅から徒歩4分 MAP付録① C-5

店主の個性がじわり

奈良の市街地には、店主の思いが詰まったカフェがいっぱい。メニューはもちろん、インテリアや雑貨の展示販売など、お店の個性も楽しみのひとつです。

スッキリした甘みのオリジナルブレンドを♪

1ロクメイブレンドドリップコーヒー 620円、奈良県産の米粉などを使用したクロワッサン290円、爽やかな味わいのウィークエンドシトロン450円 2こだわりのコーヒー豆やマグカップなどが豊富にそろう 3一晩フレンチ液に漬け込んだフレンチクロワッサン460円

豆の個性を生かした一杯で通いたくなるカフェ

ROKUMEI COFFEE CO. NARA

ロクメイコーヒーカンパニーナラ

全国大会で優勝経験のある焙煎士が手がけるスペシャルティコーヒーの店。好みの味をバリスタに相談しながら、一杯ずつじっくり淹れたコーヒーが味わえる。素材にこだわるクロワッサンもコーヒーと相性が良いと人気。

☎0742-23-4075 ⌂奈良市西御門町31 ◷9:00～17:30 休無休 Pなし 👣近鉄奈良駅からすぐ MAP付録① C-4

散策のひと休みに風味豊かなパンを

MIA'S BREAD 本店

ミアズブレッドほんてん

こだわり素材を使った無添加パンが人気のベーカリー。個性的な具材の組み合わせがたまらないサンドイッチをはじめ、豊富な種類のパンがそろう。2階と屋上にはカフェスペースもある。

☎0742-27-0038 ⌂奈良市勝南院町2 ◷8:00～売り切れ次第閉店（テイクアウトは～15:00） 休月～水曜（祝日の場合は営業） Pなし 👣近鉄奈良駅から徒歩10分 MAP付録① D-6

季節の野菜がたっぷり入ったサンドイッチ

1ローストチキンサンド520円、Wエッグのかぼちゃパンサンドイッチ500円など日替わりで販売 2網焼きのベーグルにエビやアボカドなどの野菜を挟んだベーグルサンド800円 3パンがずらりと並ぶ店内

すがすがしい香りが特徴の大和茶は、9世紀に空海が唐から茶種と製法を持ち帰ったのが起源といわれます。

奈良だからこその名物を名店でじっくり味わいましょう

奈良の代表的な名物・柿の葉ずしや茶粥のほか、奈良県産のこだわり食材を使ったこだわりメニューはいかが。奈良の歴史と風土が育んだ素朴な味わいに心までほっこり。

食通にも愛されてきた歴史ある老舗の味わい

柿の葉ずし(鯖・鮭) 各1個151円～
定番の鯖と鮭に、持ち帰りなら前日までの要予約で金目鯛・穴子を加えた4種入りもある

平宗 奈良店《ひらそうならてん》

吉野に本店を置き、当時家庭の味だった柿の葉ずしを初めて販売した老舗。創業以来160年、ていねいに作り続ける味わいは、文豪・谷崎潤一郎も絶賛したほど。

猿沢池近くの飲食街にある

☎0742-22-0866
住 奈良市今御門町30-1 時 11:30～20:00(物販は10:30～20:30) 休 月曜(祝日の場合は翌日休) P なし 近鉄奈良駅から徒歩10分 MAP 付録① C-5

大仏殿を望みながら名産寿司を堪能

名産寿司盛合せ 1350円
鯖の柿の葉寿司をはじめ、鮭や鯛・山菜巻・巻き寿司の5種が一度に楽しめるセット

ゐざさ 夢風ひろば店《いざさゆめかぜひろばてん》

吟味した素材のみを使う柿の葉寿司は、秘伝の酢を効かせたすし飯が自慢。笹の葉で包んだ鮭のゐざさ寿司や柿の葉寿司、三輪そうめんを盛り込んだ御膳などが味わえる。

1階は柿の葉寿司の製造直売店になっている

☎0742-94-7133
住 奈良市春日野町16 夢風ひろば内
時 11:00～17:00、物販は10:00～17:00
休 不定休 P あり 近鉄奈良駅から徒歩15分 MAP 付録① E-4

大和伝統野菜や特産品をモダン空間で

野菜ひより 1870円
写真は一例。先付、大和の野菜に、古代米ごはん、汁物、自家製わらびもちなどが付く

旬彩ひより《しゅんさいひより》

専属農園で栽培し、主人みずから収穫する大和の野菜が主役。野菜本来の力強さと甘みを再発見する料理を楽しみたい。ディナーでは大和牛や大和肉鶏などの野菜会席が人気。

元気をもらう赤い空間。カウンター席もある

☎0742-24-1470
住 奈良市中新屋町26
時 11:30～14:00、17:00～20:30
休 火曜 P なし 近鉄奈良駅から徒歩12分 MAP 付録① D-6

文豪も愛した柿の葉ずし

ハレの日のご馳走に欠かせない柿の葉ずしは、谷崎潤一郎の随筆『陰翳礼讃《いんえいらいさん》』にも登場。文中で美味だと絶賛されています。

香り高い大和茶で仕上げる 代々受け継ぐ伝統の味

茶がゆ弁当 2750円

香り高い緑茶が振りかけられた茶がゆに約13種類のおかず、わらび餅などが付く

塔の茶屋

とうのちゃや

興福寺境内で長年親しまれ、現在はならまちに店を構える老舗茶屋。大和茶の緑茶で炊いたあっさりとした茶粥は、弁当か懐石が選べる。

歴史を感じるのれんを掲げる

☎0742-22-4348 ⌂奈良市南城戸町18 ⏰11:30～21:00（弁当は～16:00、懐石は～19:00※要予約）休火曜（祝日の場合は前後の日で代休あり）Pあり 🚶近鉄奈良駅から徒歩10分 MAP付録① C-6

大和肉鶏の魅力を生かす あっさり塩味の釜飯

大和肉鶏釜めし 1380円

ごぼうや筍など具だくさん。赤出し、香の物付き。香ばしいおこげも楽しみ

志津香 公園店

しづかこうえんてん

創業60余年、鶏ガラベースの塩味で素材を引き立てる釜飯専門店。注文を聞いてから1人前ずつ直火で炊き上げる。春はしらす、秋は松茸など季節替わりのメニューも。

行列のできる人気店

☎0742-27-8030 ⌂奈良市登大路町59-11 ⏰11:00～15:00（土・日曜、祝日は～16:00）休火曜、月1回不定休 Pなし 🚶近鉄奈良駅から徒歩15分 MAP付録① E-4

体の中からあたたまる 奈良のスローフード麺

吉野うどん 935円

葛を練り込んだ麺に、生姜風味の葛あんが絡んでつるりとなめらかなのどごしが味わえる

天極堂 奈良本店

てんぎょくどうならほんてん

1870（明治3）年に創業し吉野本葛製造に携わる井上天極堂の直営店。日本の伝統食であり栄養価の高い葛を使う吉野うどんは、やさしく上品な味わいながら食べごたえも充分。

店内では甘味や葛きりの販売も

☎0742-27-5011 ⌂奈良市押上町1-6 ⏰10:00～19:00 休火曜（祝日の場合は翌日休）Pあり 🚶近鉄奈良駅から徒歩10分 MAP付録① D-3

茶粥は、さつまいもなど旬の素材を加えたり、夏場は冷やしていただいたりと、季節の楽しみ方もあるそう。

自分へも、友達にもぴったり 奈良のおいしいおみやげ

**地元で親しまれているお寿司や奈良漬から、
素材や製法に奈良のエッセンスが感じられるおやつまで、
おいしくてほっこりする奈良の定番みやげ、そろいました。**

柿のおいしさを再発見！
全国唯一の専門店

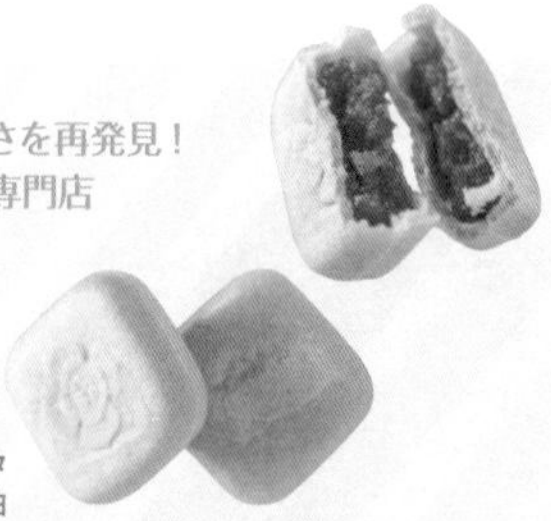

A

（左）柿のおいしさがたっぷり詰まった柿バター698円（右）たっぷりの柿餡に吉野産の柚子の香りが爽やかな、柿もなか5個入696円

B

正倉院の宝物の紋様を
あしらった老舗の逸品

（左）最中の食感とこし餡のうまみが絶妙なバランスの鹿もなか5個入り1250円（右）ふんわり食感の練乳入りの生地と高級白小豆の相性が良い饅頭、菊之寿5個入り1500円

（左）生クリームたっぷりで濃厚な味わいのまほろば大仏プリン（小）カスタード400円。（右上・右下）白い鹿のプリンも人気。味はヨーグルト440円やモンブラン450円など

C

大仏級のビッグサイズや
地元素材の変わり種も

A

柿の専門 三条通店

かきのせんもんさんじょうどおりてん

吉野の山々に自生する法蓮坊柿で作る栗餡入りのつるし柿や、柿のスイーツ、果汁と天然酵母のみで作る柿酢など多彩な品がそろう柿専門店。どれもやさしく心やわらぐ味わい。

☎0742-22-8835 ⌂奈良市上三条町27-1
🕒10:00～18:45 休無休 Pなし
👣近鉄奈良駅から徒歩5分
MAP付録① C-5

B

本家菊屋奈良店

ほんけきくやならてん

豊臣秀吉への献上品だったという国産最上級の大納言小豆を使った「御城之口餅」をはじめ、とことん吟味した食材で作られた和菓子がそろう、創業400年を超える老舗。

☎0742-23-4855
⌂奈良市東向北町25
🕒9:00～18:00 休無休 Pなし
👣近鉄奈良駅からすぐ MAP付録① C-4

C

まほろば大仏プリン本舗 東大寺門前 夢風ひろば店

まほろばだいぶつプリンほんぽ
とうだいじもんぜんゆめかぜひろばてん

奈良の食材をふんだんに使った、やさしい味わいの「まほろば大仏プリン」が人気の店。大和茶や地酒など14種類のプリンのほか、ソフトクリームやロールケーキなども販売。

☎0742-24-3309 ⌂奈良市春日野町16 🕒12:00～17:00、土・日曜、祝日は10:00～18:00（季節により変更あり）（季節により変動あり）休不定休 Pあり
👣近鉄奈良駅から徒歩15分 MAP付録① E-4

奈良の恵みを駅チカで探せる

JR奈良駅1階には奈良県のアンテナショップがあり、奈良の特産物の販売や、県産食材をたっぷり使ったレストランがあるので、のぞいてみて。

厳選素材を使用した
奈良のふるさとの味

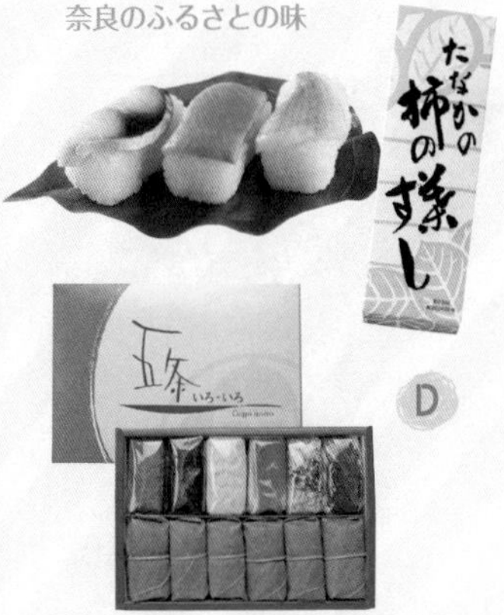

D

(上)さば・さけ・たい3種詰め合わせ7個入り1275円(下)五条いろいろ1707円。穴子など6種と柿の葉すしの詰め合わせ

E

清酒「春鹿」の醸造元が
こだわりを詰めた
日本酒スイーツ

(上)HARUSHIKA SWEETS バームクーヘン1728円。春鹿の「さくら純米酒」と酒粕を使用し、一本ずつ手焼きする(下)酒蔵の麹あまざけ(500mℓ)810円。ノンアルコールなので安心して飲める

伝統の味をアレンジ
ごはんのお供とスイーツ

F

(上)うりやきゅうりなどを細かく刻んだ、きざみ奈良漬(小袋)400円。(下)風味豊かな奈良漬サブレ6枚入り648円

D

柿の葉すし本舗たなか なら本店

かきのはすしほんぽたなかならほんてん

昭和天皇・皇后両陛下に柿の葉すしを献上した老舗。こだわりの厳選素材を使用した柿の葉すしは、定番の鯖はもちろん、鮭や鯛も人気。店内には柿の葉すしが味わえる茶屋も併設。

☎0742-81-3651 奈良市東向中町5-2
9:00～19:00 休 無休 P なし
近鉄奈良駅からすぐ MAP 付録① C-4

E

今西清兵衛商店

いまにしせいべえしょうてん

味、コク、香りなど高品質を誇る奈良酒「南部諸白」の伝統を今に伝える蔵元。お酒好きにはうれしい日本酒がそろう。純米酒と酒粕を使う春鹿バームクーヘンも人気。

☎0742-23-2255 奈良市福智院町24-1
10:00～16:30 休 無休 P あり
バス停福智院町からすぐ
MAP 付録① D-6

F

山崎屋 本店

やまさきやほんてん

創業100年以上の奈良漬専門店。厳選した夏野菜を酒粕とみりん粕で何度も漬け替える伝統の製法を守り続けた奈良漬は奥深い味わい。旬の浅漬けや奈良漬を使用したスイーツも好評。

☎0742-22-8039 奈良市東向南町5
9:30～18:30 休 無休 P なし
近鉄奈良駅から徒歩4分
MAP 付録① C-5

大和朝廷の時代から栽培されてきた柿は、奈良の特産物のひとつ。五條市には「柿博物館」もあります。

ノスタルジックで新しいならまちを歩きましょう

江戸時代末から明治にかけての商家や町家があると思えば、カフェや雑貨店など、話題のスポットもあちらこちらに。細い路地が残るならまちは、歩いてめぐってこそ楽しめます。

1

2

3

4

5
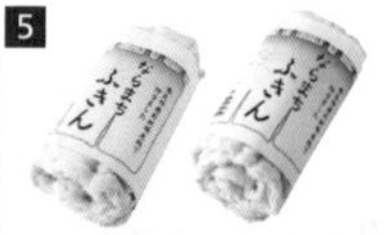

6

7

8

9

10

かつて広大な寺域を誇った官寺

元興寺

がんごうじ

南都七大寺のひとつで「古都奈良の文化財」として世界遺産に登録されている。国宝の極楽堂と禅室の屋根の一部には日本最古の瓦が葺かれている。

寺院 ✆0742-23-1377
奈良市中院町11 ⏱9:00～16:30
休無休 ¥500円（10月下旬～11月初旬の特別展の期間は別料金） Pあり 近鉄奈良駅から徒歩12分 MAP付録① D-6

奈良みやげにもぴったり

吉田蚊帳

よしだかちょう

奈良の名産品である蚊帳の専門店。登録有形文化財の蔵を利用した空間には、のれんやふきんなど、蚊帳生地で作る多彩な小物がそろう。

工芸品 ✆0742-23-3381
奈良市芝新屋町1 ⏱9:30～18:00
休月曜 Pあり
近鉄奈良駅から徒歩15分
MAP付録① D-6

ならまちの歴史に触れる

奈良町資料館

ならまちしりょうかん

庚申《こうしん》さんで有名な身代わり申《さる》のお守りを販売。民具や古い商家の看板、吉祥天女像の展示も。軒先に吊るされた大きな身代わり申を目印に訪れて。

資料館 ✆0742-22-5509
奈良市西新屋町14-3
⏱10:00～16:00 休火～木曜（祝日は営業） ¥無料 Pなし 近鉄奈良駅から徒歩15分 MAP付録① C-6

ぐるっと回って

2時間

おすすめの時間帯

いわゆる「ならまち」と呼ばれるエリアは1km四方ほどの狭い範囲で、細い路地が多くあります。案内看板などが随所にあり、ならまちMAPを常備している店も多いので活用しましょう。

地図にない町「ならまち」

かつて広大だった元興寺の境内に人が住みついた一帯が「ならまち」の始まり。あくまで通称のため、地図にはない名称なのです。

1 2 3 境内の石仏や石塔に心和む歴史浪漫を秘めた元興寺。猿沢池の南端から現在のならまち一帯までが元興寺の旧境内。国宝の元興寺極楽堂は堂内の参拝もできる 4 5 店舗限定商品もある吉田蚊帳。ならまちふきん染各460円などをおみやげに 6 庚申堂 MAP 付録① C-6は厄除けの身代わり申を吊るす民間信仰の中心 7 古い町家などが並ぶ趣ある町並み 8 9 ならまちのなかでも大きな身代わり申がある奈良町資料館。屋根にはユニークな木彫りの猿も 10 ならまちのそこかしこには身代わり申の姿が 11 12 伝統的な町家を忠実に再現した、ならまち格子の家。奥に細長い町家でかまどもある 13 14 15 重要文化財に指定されている今西家書院では歴史ある建物を見学した後に、抹茶と季節の和菓子1200円(見学料込)など喫茶メニューもいただける

伝統的な町家の暮らしを体感

ならまち格子の家《ならまちこうしのいえ》

格子や土間、箱階段に風情ある中庭など、江戸時代末期の町家を忠実に再現。町家見学はもちろん散策の休憩にも。当時の生活様式を体感できる。

文化施設 ☎0742-23-4820
奈良市元興寺町44 ⏰9:00～17:00
休 月曜、祝日の翌日(土・日曜を除く)
¥ 無料 P なし
バス停田中町からすぐ MAP 付録① D-7

室町時代の美しい日本建築

今西家書院《いまにしけしょいん》

もとは興福寺大乗院家の坊官を務めた福智院氏の居宅。室町時代、初期の書院造りを伝える貴重な文化財。見学後は、書院内で喫茶も楽しめる。

重要文化財 ☎0742-23-2256
奈良市福智院町24-3 ⏰10:30～16:00
休 月～水曜 ¥ 見学料400円 P なし
バス停福智院町からすぐ
MAP 付録① D-6

ここでひと休み

豆の個性引き立つ自家焙煎コーヒー

ボリクコーヒー

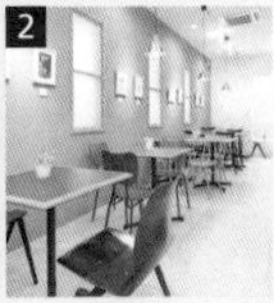

1 にんじんとくるみたっぷりのキャロットケーキ440円、ホットコーヒー 495円
2 大きな窓がある明るい店内

人気カフェ「カナカナ」の姉妹店。厳選したシングルオリジンの豆を自家焙煎した香り高いコーヒーが味わえる。店主がセレクトしたロシア雑貨の販売もある。

カフェ ☎0742-87-1310
奈良市西新屋町40-1
⏰12:30～17:30 休 月・火曜 P なし
近鉄奈良駅から徒歩15分
MAP 付録① C-6

あちこちの軒先で見かける赤い毬のようなもの。これは「身代わり申」と呼ばれ、厄除けに吊るされています。

一度は食べてみたい ならまちで人気のお昼ごはん

風情ある町並みが残り観光客もたくさん訪れるならまちには、おいしいランチがいただける店が点在しています。和食にイタリアン、洋食など、人気店を紹介します。

大和野菜をはじめとする奈良の恵みをふんだんに取り入れた昼の粟「収穫祭」御膳3500円。デザートまで付いた全7品

坪庭を望む座敷席のほか蔵を改装した部屋なども

大和牛も付く「収穫祭」御膳。自慢の野菜も多彩に調理する

とれたて野菜をいただくランチ御膳

粟 ならまち店 あわならまちてん

風情ある築140年の古民家でいただくのは、自家農園でスタッフが育てる大和の伝統野菜。太陽や土の香りを感じるコース仕立ての御膳で、素材本来の味わいを楽しむひとときを。

☎0742-24-5699
住 奈良市勝南院町1
時 11:30〜14:00、17:30〜21:00(要予約)
休 火曜
P なし
近鉄奈良駅から徒歩10分
MAP 付録① D-6

かまど炊きのご飯が主役の昼の定食2000円。おかずの内容は時期によって異なり、ごはんのおかわりも可能

店内には調味料や道具を販売するグローサリーも併設

店内には奈良の左官職人が手がけた竈が

ふんわり炊きたてごはんと奈良の旬の味覚を

鹿の舟 竈 しかのふねかまど

カフェ「くるみの木」P.66プロデュースの複合施設「鹿の舟」にあり、本物の竈を据える食堂。吉野檜の薪を使い炊きあげるツヤツヤのご飯と、奈良の伝統野菜など地元食材が味わえる。

☎0742-94-5520
住 奈良市井上町11
時 11:00〜16:00(食事は〜15:00頃、ご飯がなくなり次第終了)
休 水曜
P なし
近鉄奈良駅から徒歩17分
MAP 付録① D-7

予約して確実にいただきましょう

店主がこだわりを持ってもてなしてくれる人気店。ランチの数に限りがあったり、席数が少ない場合もあるので、できる店には予約を。

人気の鯛だしトマトそうめん1200円。バジルソースやもっちりとした全粒粉そうめんを合わせてパスタのような味わいに。夏期は冷やしそうめんとなる

町家を改装したくつろげる空間

お好きなそうめん一品とミニ鯛めし、季節の小鉢やデザートが付いた贅沢なそうめん御膳2100円～

フレンチを取り入れた新感覚そうめん

そうめん処スルスル そうめんどころスルスル

フレンチ出身の店主が奈良の特産品である三輪そうめんをアレンジ。鯛のアラからじっくりとっただしをベースに、トマト味やクリーム味などそうめんの新しい魅力を味わえる。

☎0742-23-6435
住 奈良市元興寺町19
時 11:30～14:30（土・日曜、祝日は11:00～14:00）
休 月・火曜、不定休
P なし
交 近鉄奈良駅から徒歩14分
MAP 付録① C-6

前菜からパスタ、メイン、デザートと、ボリュームのあるランチフルコース4400円～。鹿肉のローストなど得意のジビエ料理も登場

細長い店内。カウンターの奥にはテーブル席もある

生ハムやサラミなど自家製加工肉が常時約20種類。前菜は数種盛り合わせで

ジビエ料理も取り入れた彩り豊かなコース

リストランテ リンコントロ

大和野菜をはじめ、羊や仔牛などの肉類や食材は、シェフが全国の生産者の元へ出向いて仕入れたものばかり。パスタやサラミまで自家製にこだわるイタリアンは、地元ファンが多い。

☎0742-26-8959
住 奈良市薬師堂町9
時 11:30～14:30、18:00～22:00（要予約）
休 水曜
P なし
交 近鉄奈良駅から徒歩20分
MAP 付録① D-6

苦手な食材を伝えると、別のもので対応してくれる店もあるので、相談してみましょう。

ごはんもスイーツも空間も魅力的 ならまちのすてきなカフェや食堂へ

おいしくてヘルシーなフードメニューがあり、
コーヒーや手作りのスイーツもこだわりの味わい。
そのうえ居心地も抜群なカフェが、ならまちにはあるんです。

居心地良い町家でのんびりひと休み

カナカナ

欄間や梁、すりガラスなど古き良き趣がただよう町家カフェ。月替わりのお惣菜5、6品に、デザートも付くカナカナごはんをはじめ、店主特製のカレーや自家製スイーツなどを座敷でゆったり味わえる。

☎0742-22-3214
⌂奈良市公納堂町13
🕒11:00〜18:30
休 月曜（祝日の場合は翌日休）
P あり 🚶バス停福智院町からすぐ MAP 付録① D-6

焼きプリン440円、カフェオレ625円

1 築約100年の町家を改装した風情あるたたずまい 2 天井が高く開放的な土間の席 3 豆腐とじゃがいものハンバーグ、根菜の黒酢和えなど月替わりの小鉢が並ぶ、カナカナごはん1530円

1 約145席あるスタイリッシュな店内 2 黒ごまきなこパフェ 970円 3 エトランジェボックスランチ1800円。古代米ご飯とスープ付き 4 不定期でマルシェも開催

広々と明るい空間で観光の合間にリラックス

CAFÉ ETRANGER NARAD カフェエトランジェナラッド

奈良市観光センター内にある、イタリアンベースのメニューが味わえる店。奈良産の野菜をたっぷり使ったランチのほか、ちょこんと乗った鹿がキュートなパフェや大和茶のソフトクリームなどスイーツも充実。

☎0742-20-5620 ⌂奈良市上三条町23-4 奈良市観光センター「ナラニクル」内 🕒11:00〜21:30（金・土曜、祝前日は〜22:00） 休 無休 P なし 🚶近鉄奈良駅から徒歩5分 MAP 付録① C-5

空間も楽しみのひとつ

古い商家や町家が残るならまちには、昔の建物を生かしたカフェがいくつもあります。意匠や建具の風情も、味わいのひとつです。

ほっこり心ほどけるおうちカフェにようこそ

よつばカフェ

レトロな家具が置かれたノスタルジックな雰囲気の空間で、手作りスイーツや特製チキンカレーなど素朴な味わいの一品を。店内には作家による紙小物などが並ぶギャラリーもあり、個性的なアイテムがそろう。

☎0742-26-8834 ⌂奈良市紀寺町954 ⏰11:00～16:00（土・日曜、祝日は～17:00） 休水・木曜 Pなし 🚶近鉄奈良駅から徒歩18分 MAP付録① D-6

キャラメルみかんパフェ 550円

1どこか懐かしい雰囲気に心和む古民家 2バス停風の看板が目印 3バターチキンカレー 850円

1カウンター9席にテーブル1卓の小さな店 2季節の定食1540円 3隔月で変わる季節のパルフェ 1210円 4窓際の招き猫に誘われる

おいしい旬の恵みを召し上がれ

七福食堂 しちふくしょくどう

近郊の矢崎農園の野菜を中心に、地元食材をたっぷり使う定食などのヘルシーなランチ。自家製みそを使うなど添加物にも気を遣い、体に優しい味を目指す。新作が楽しみなパルフェは、素材の組み合わせが絶妙。

☎なし ⌂奈良市鳴川町19 ⏰11:30～17:00（定食は～15:00）、木曜は終日喫茶のみ 休火・水曜 Pなし 🚶近鉄奈良駅から徒歩15分 MAP付録① C-6

ならまちには雑貨や本の販売コーナーを設けているカフェなどがあり、一人でも楽しめますよ。

職人が作るやさしい甘さにほっこり 地元で愛されているならまちの和菓子店

ならまちには、古くからお寺とゆかりのある老舗をはじめ、地元で親しまれてきた和菓子の店がいくつもあります。手作りならではの素朴な味わいを茶房で、おみやげで、楽しんで。

隠れ家のような町家で 洗練された和菓子を

吉野の極上本葛と丹波小豆のこし餡で作る、葛焼きが名物。やさしく溶ける口当たり良い逸品を抹茶と一緒に、赤膚焼や奈良漆器の器でいただける。気に入った和菓子は、おみやげに。

樫舍 かしや

0742-22-8899
奈良市中院町22-3
9:00～18:00（喫茶は11:00～16:30）休 無休 P あり
近鉄奈良駅から徒歩12分
MAP 付録① D-6

1 細い通りにたたずむ町家 2 お抹茶といただく、まんじゅう蒸し1320円 3 お抹茶と季節の生菓子1100円。赤膚焼や奈良漆器など店主が選んだ器にも注目を

さつまいもの形をした 素朴な愛されおやつ

1897（明治30）年創業のさつま焼きの店。小麦粉と卵で練り上げた皮で手づくりのこしあんを包み、一本一本職人の手で焼き上げている。地元の人も手みやげに愛用する銘菓。

春日庵

かすがあん
0742-22-6483
奈良市中新屋町28
9:00～18:00
休 不定休 P あり
近鉄奈良駅から徒歩11分
MAP 付録① D-6

1 元興寺境内の西側に隣接する店。1階の工房では職人が焼き上げる様子も見える
2 さつま焼1個155円

懐かしい米飴の風味を かわいい金平糖で

創業1854（安政元）年の歴史を持つ、砂糖商の看板商品「御門米飴」。昔ながらの製法で作るこの米飴を使った金平糖が、手軽なみやげとして人気に。奈良をイメージした小箱とセットで。

砂糖傳 増尾商店

さとうでんますおしょうてん
0742-26-2307
奈良市元興寺町10
9:00～18:00 休 無休
P あり バス停田中町からすぐ MAP 付録① C-6

1 大和茶の店として開業後、砂糖を扱うようになったそう 2 奈良こんふぇいと御門米飴味（右）、大和茶の煎茶味（左）。箱入り各540円

和菓子は抹茶とセットで

茶房や喫茶で和菓子をいただくなら、ぜひお抹茶をオーダーしてみて。和菓子の甘さと抹茶のほどよい苦味が絶妙です。

1

伝統の味わいを憩いの茶房で存分に

生菓子やだんごで知られる創業100余年の老舗。自家製餡たっぷりの六坊をはじめ、茶房では庭を眺めながら作りたての甘味が味わえる。

寧楽菓子司 中西与三郎

ならかしつかさなかにしよさぶろう

☎0742-24-3048 ⌂奈良市脇戸町23 ◷9:30～17:30（土・日曜、祝日は～18:00）休月曜、不定休 Pなし
‼近鉄奈良駅から徒歩10分 MAP付録① C-6

1わらび餅や求肥に粒餡を添えた六坊。ほうじ茶付き792円 2風格ある店構え 34和三盆と葛粉の干菓子、はな鹿格子1箱648円は、おみやげに

2

3

4

定番から季節の味まで
上質な和菓子に夢中

庚申堂の身代わり申にちなんだ庚申さん最中をはじめ、吉野葛餅や本蕨餅など、素材を活かす和菓子が趣ある店内に並ぶ。いちご大福など季節限定の一品を毎年楽しみにする地元の人も多い。

1

2

奈良町 末廣堂

ならまちすえひろどう

☎0742-22-2179
⌂奈良市鶴町24
◷8:30～17:00
休日曜、祝日 Pなし
‼近鉄奈良駅から徒歩15分
MAP付録① D-6

11902（明治35）年に創業し、現在は4代目が暖簾を守る 2庚申さん最中1本220円

気軽な和菓子のおやつを

1

2

1どら焼きとチーズケーキ、ジャムのセットocasiプレート935円 2開放的な店内

奈良御菓子製造所 ocasi

ならおかしせいぞうしょオカシ

甘さ控えめのどら焼きや爽やかなチーズケーキにジャムを組み合わせるなど、スイーツのペアリングを楽しむ新感覚のおやつを。

☎0742-22-7272 ⌂奈良市元林院町5 ◷11:00～18:00
休火曜 Pなし ‼近鉄奈良駅から徒歩7分 MAP付録① C-5

本来のお茶席では、アクセサリーはNG。茶房などでお茶碗を扱う時も、キズをつけないように注意しましょう。

とっておきのものと出会える ならまちのおしゃれショップへ

**ファッションアイテムや生活雑貨、一点ものの陶器たち。
そんな、暮らしまわりのすてきな品々がずらりと並ぶ
おしゃれな店に出会えるのも、ならまち散策のお楽しみです。**

1

2

3

4

5

1カラー展開が豊富で快適な履き心地のサボ24200円～ 2肌触りが良く着心地軽やかなワンピース28600円～ 3どんな装いにも合わせやすいシンプルなデザインのシューズ26400円～ 4深みのある色合いがそろうオリジナルソックス1980円～ 5開放的な店内

コンパクトなレザーのミニショルダー19800円～

心地よさを大切にした靴と服を探しに

NAOT NARA / entwa

ナオトナラエントワ

特徴のあるインソールで履き心地にこだわった革靴「NAOT」をはじめ、実用性と遊び心を兼ね備えたオリジナルの洋服「entwa」、奈良産の靴下など、暮らしを彩る生活道具が並ぶ。専門のスタッフがフィッティングから靴選び、靴のケアや修理までをサポートしてくれるのがうれしい。作家による展示イベントなどの開催も。

☎0742-93-7786
奈良市芝突抜町8-1
11:00 ～日没頃
休 月曜
P なし
近鉄奈良駅から徒歩13分
MAP 付録① D-6

上品な印象のノーカラーボレロ23100円～

奈良は靴下の産地です

古くから靴下の産地として知られる奈良県広陵町。奈良市内の雑貨店などでは、この町で生まれたさまざまな靴下に出会えます。

表情豊かなガラボウ糸の靴下2750円

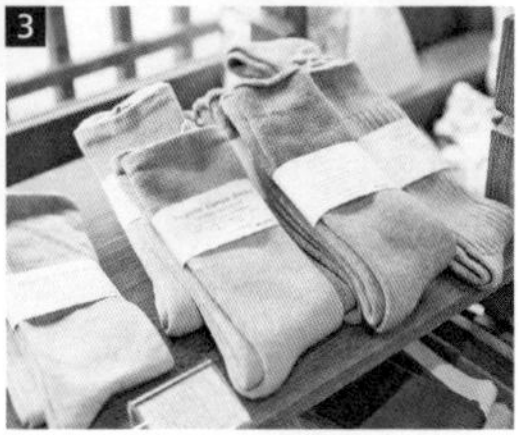

12古い建物を生かした店舗は落ち着いた和の風情が漂う 3オールシーズン対応で締めつけ感のないシリーズが人気。各1650円～

品質にこだわった奈良メイドの靴下

糸季《しき》

奈良県広陵町の靴下メーカーが手掛ける直営店。オーガニックコットンを中心に、麻やヤクの毛など自然素材から仕立てた靴下が手に入る。

☎0742-77-0722
住 奈良市高御門町18
時 10:00～17:00（季節により変更あり） 休 月曜
P なし
近鉄奈良駅から徒歩15分
MAP 付録① C-6

町家空間で出会うぬくもりある作家もの

カウリ

器や紙アイテム、アクセサリーなど、シンプルで長く使えるものを集めた暮らしの雑貨店。光に満ちた店内に身をおくだけで、ほっこりあたたかな気分に。

☎0742-93-9208
住 奈良市鳴川町1
時 11:00～18:00
休 不定休
P なし
近鉄奈良駅から徒歩15分
MAP 付録① C-6

13 130年以上前の建物を改装し大きな窓を配した明るい店内 2花や虫をモチーフにした繊細な切り絵が連なる美しいオーナメントカード2200円

おもちゃの織り機をイメージしたブローチ各3080円

「NAOT NARA／entwa」近くの姉妹店「kaze no sumika atelier」は、一点ものの服や器などを扱い、金～日曜のみ営業します。

注目のショップやカフェなど人気店が集まるならまち工房へ

**趣の異なる3つの棟からなる「ならまち工房」。
手作り雑貨のお店やカフェ、ギャラリーなど、
個性豊かなスペースをめぐってお気に入りを見つけましょう。**

趣ある町家長屋でお店めぐり

ならまち工房

ならまちこうぼう

7店舗が並ぶアート＆憩いの空間。型染め、木工といった工芸作家のショップや手作り雑貨の店が集まり、何時間でも飽きずに過ごせると評判。

奈良市公納堂町11 Ⓟなし
バス停福智院町からすぐ
MAP付録① D-6

個性豊かな作家作品を

ならまち工房Ⅱ

ならまちこうぼうツー

樹脂アクセサリーや手作り小物の店、フレーバーポップコーンの専門店、ハワイアンキルトの販売やワークショップを行なう店、ネイルサロンなどが営業する。

奈良市高畑町1097-2 Ⓟなし バス停福智院町からすぐ
MAP付録① D-6

北欧雑貨とならまちカフェ moi

ほくおうざっかとならまちカフェモイ

ゆったり過ごせるカフェは、フレンチトーストなど軽食やスイーツを用意。ムーミンやmozなどの北欧雑貨も並ぶ。

⏰11:00～16:00（物販は～17:00）
休 月曜、不定休

ほうじ茶アイスをのせた、ほうじ茶ゼリー 500円

doco*ao ドコアオ

青をモチーフにしたオリジナルアクセサリーなど、樹脂やビーズを使ったアイテムが並ぶアトリエ＆ショップ。

⏰14:00～18:00
休 月・火曜、不定休

タッセルをあしらい、胸元を華やかに彩るループタイ3960円

民族衣装をリメイクしたポーチ2000円～

mimpi ミンピ

店主セレクトのアジア各国の雑貨や服が並ぶショップ。店主が制作したアジアンテイストのアクセサリーや小物も充実。

☎0742-24-4377 ⏰11:00～18:00 休 月曜、火曜不定休

（左上）リボンクリップ1600円（左下）インド刺繍バレッタ1300円（上）いちごイヤリング 1400円

ことあかり洋品店

ことあかりようひんてん

オーナー自身の作品をはじめ、関西在住の作家たちによる乙女心くすぐる手作りアイテムがそろうショップ。

⏰11:00～17:00 休 月・火曜、不定休

工房の間には抜け道アリ

ならまち工房からⅡまで、公道を歩くと少し距離がありますがⅢを通ればすぐです。自由に行き来することができますよ。

店ごとに異なる雰囲気を楽しんで

思わず手に取った一品を自分へのおみやげに

洗練された空間も楽しんで
ならまち工房Ⅲ
ならまちこうぼうスリー

作家ものの雑貨店やタピオカミルクティー専門店など9軒。築100年超の町家と昭和の古民家を改装した空間も魅力。

奈良市公納堂町12 Pなし バス停福智院町からすぐ MAP付録① D-6

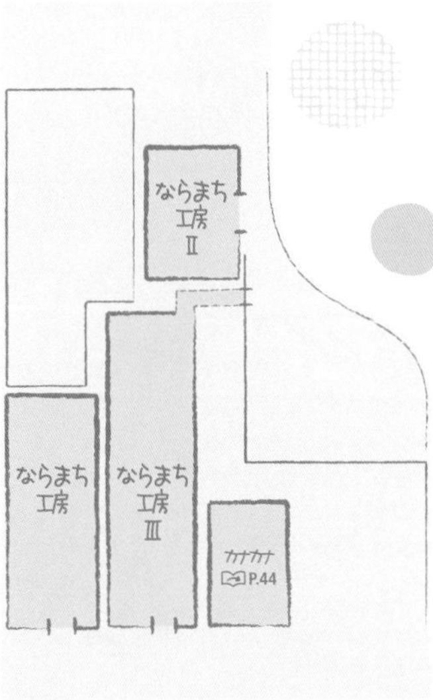

nakki ナッキ

繊細な手刺繍のアクセサリーを制作する、作家nakkiのブランドショップ。ヴィンテージのスパンコールを合わせたブローチなど、豊かな色彩が魅力。

11:00～17:00
休 月・水曜

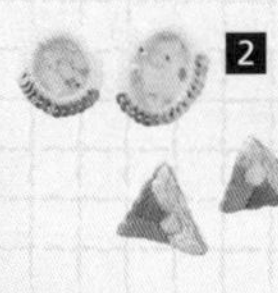

1存在感のあるブローチ 2樹脂パーツや6色の糸などで仕立てたピアス。各3800円

1カラフルなメロンパン356円～が人気 2南側の入り口から入って1軒目

天然酵母パン工房 くりぱんクラブ
てんねんこうぼパンこうぼうくりぱんクラブ

厳選した素材のみを使う、やさしい味わいの天然酵母のパンが人気を集める。日替わりで7種類以上並ぶパンは、売切れ次第終了なので予約がおすすめ。

070-5265-0734 12:00頃（焼上がり次第）～売切れ次第終了 休不定休

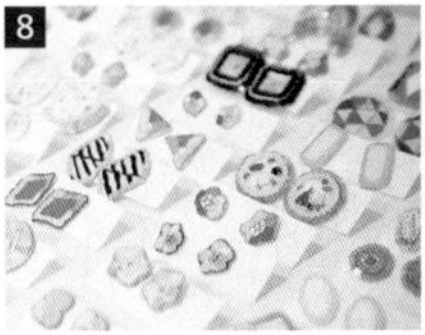

12ならまち工房で街中とはひと味違うお店めぐりを 3タオルハンカチなどの北欧のキャラクター雑貨がそろう、北欧雑貨とならまちカフェ moi 4アジアのカゴや食品も並ぶmimpi 5ならまち工房Ⅱは木のあたたかみある雰囲気 6かわいい手作り雑貨が並ぶことあかり洋品店 7くりぱんクラブのパンは地元の人からも人気 8色も形も多彩なnakkiのアクセサリー

ならまち工房の周りには、町家を改装した人気のカフェや洋食、フレンチのお店も。お買いものの前後に立ち寄ってみて。

ほのぼのした町並みに個性的な店
ショップめぐりが楽しいきたまちへ

住宅街にひっそりとたたずむおしゃれなカフェや
昔ながらの商店、アトリエ兼用の週末限定ショップなど、
いろいろな出会いがあるのが、きたまちの醍醐味です。

静かな住宅街に素敵なお店がたたずむ。通りに出ている看板を目印に

旧鍋屋交番きたまち案内所では、まち歩きに役立つマップの配布などを行なう

奈良女子大学の旧本館は国の重要文化財

心を揺らす一冊と出会える

ゆりゆりBOOKS

ゆりゆりブックス

大人も子どもも時間を忘れて楽しめる新刊と中古絵本の専門店。絵が美しくストーリーがよいもの、みずみずしい感性の芽吹きを感じるものなど、国内外を問わずセレクト。絵本との一期一会を楽しみたい。

絵本 ☎080-6184-0950
住 奈良市北袋町32-6
営 11:00～16:30
休 月・水・木曜(詳細はSNS要確認)
P なし
近鉄奈良駅から徒歩10分
MAP 付録① C-3

1 猫の看板が目印
2 木のぬくもりを感じる店内はカラフルな表紙でいっぱい

時間を忘れて過ごせる非日常カフェ

ミジンコブンコ

木の温もりを感じる飴色の空間。小説から雑誌のバックナンバー、海外建築の図版まで、店主セレクトの本が並ぶブックカフェとして知られ、のんびり過ごせる。薫り良きコーヒーなどのカフェメニューに、研究を重ねたカレーが好評。

☎0742-24-8231 住 奈良市東笹鉾町41 営 11:30～17:00 休 日・月曜、毎月5・15・25日 P あり 近鉄奈良駅から徒歩15分 MAP 付録① D-2

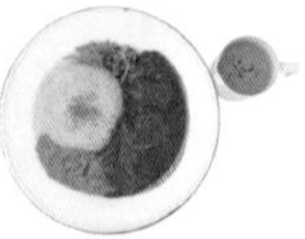

スパイス15種以上を使う辛口キチンカリィ 900円

居心地がよく優しい気持ちになれる店内

良質な豆で淹れるコーヒー 500円

ぐるっと回って

4時間

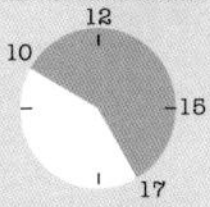

おすすめの時間帯

近鉄奈良駅前から、まずは東向北商店街を通り、きたまちエリアへ向かいましょう。細い路地や住宅地に構える小さな店も多いので、地図と看板をチェックしながら散策を楽しんで。

きたまちってどんなところ?

東大寺の西、近鉄奈良駅の北側に位置するきたまち。住宅地が続き、大学や県庁にほど近く、地元の人が行き交うエリアです。

日々の暮らしにお気に入りの器を

器人器人 きときと

古民家を改装した店内には、店主が一目ぼれした全国の作家、約30人による陶器やガラス製品、木工品などが並ぶ。作り手の個性と手仕事のぬくもりが感じられる器たちの中からお気に入りを日常に取り入れて。

器 ☎0742-26-8102
住 奈良市東包永町61-2 1F
⏰11:00〜18:00 休 木曜
P あり 🚶近鉄奈良駅から徒歩15分 MAP 付録① D-2

片口5060円、てびねりおちょこ各1540円

素材も形も多種多様な器がそろう

マグカップ2750円

和み空間で季節の焼菓子を

ちてはこ菓子店

ちてはこかしてん

おいしいものを心地よい空間で、家のようなくつろぎ感をと、店名には“父の手と母の心”の頭文字が入っているのが印象的。国産の小麦を使い、旬の果物の自家製コンフィチュールと共に焼き上げたやさしい甘みのタルトがおすすめ。

焼菓子 ☎0742-26-0669
住 奈良市法蓮町1232 ⏰11:00〜17:00 休 月曜(祝日の場合は翌日休) P あり 🚶近鉄奈良駅から徒歩15分 MAP 付録① C-2

築100年の長屋を改装した店内

(左)季節のタルト630円〜、(右)ミックスベリーとホワイトチョコのタルト580円

奈良のデザインを伝える紙製品

活版工房 丹

かっぱんこうぼうたん

活版の凸凹が生み出す味わいや、昔ながらの鉛版でしか再現できない繊細なデザインに光を当てた、奈良モチーフのカードやメモ帳などがそろう。あらゆるサイズや書体の活字を数万も埋め込んだ迫力あるテーブルにも注目。

紙製品 ☎0742-93-7721
住 奈良市東向北町6 ⏰10:00〜18:00
休 無休 P なし 🚶近鉄奈良駅からすぐ MAP 付録① C-4

活版作品だけでなく上質な紙製品が所狭しと並ぶ

活版印刷メッセージコースター(封筒付)各400円

すてきな限定公開

歴史ある学び舎の一般公開

奈良女子大学記念館 ならじょしだいがくきねんかん

1908(明治41)年創立、西日本唯一の国立女子大学。前身の奈良女子高等師範学校元本館となる記念館は、4月下旬〜5月上旬、秋季は10月下旬〜11月上旬に一般公開(いずれも1週間程度)。特別展示なども。

☎0742-20-3220(総務課) 住 奈良市北魚屋東町 ⏰一般公開期間内9:00〜16:00(受付終了)
¥ 無料
P なし
MAP 付録① C-3

正門守衛室とともに国の重要文化財に指定されている

個人経営が多いきたまちのお店。複数の店がひとつの看板を共有するなど、お店同士もとても仲良しです。

スイーツや料理を楽しみ長居したくなる心地良い空間があるきたまちのおいしい店

古民家の風情ある空間でくつろぎながらひと息。
手づくりのスイーツや丁寧な仕事を知る料理の数々を
アットホームな雰囲気があるお店で味わいましょう。

2つのココアのマカロンでラズベリークリームを挟んだ、要予約のマカロンケーキ600円。コーヒー 550円

白やピンク色を基調としたやさしい空間

バローナ社のチョコレートを使う、ガトーオショコラ550円

手づくりケーキと焼菓子の小さなお店

LA LIBERTÉ ラリベルテ

お菓子教室などの講師として今も活躍する店主によるカフェ。宝石みたいに見目麗しいケーキや素材の風味を感じる焼菓子など、訪れた日に出会えるスイーツをお茶と楽しんで。

- ☎ 050-1063-5291
- 奈良市南半田中町13-1
- 11:00～17:30（売り切れ次第終了）
- 休 月・火曜、日曜不定休
- P あり
- 近鉄奈良駅から徒歩6分
- MAP 付録① D-3

ニューヨークチーズケーキ500円とフレンチブレンドコーヒー 500円。素敵な器は店主お気に入りの奈良在住の作家・鈴木明美さんの作品

白を基調とした手作りの店内

ホワイトチョコのチーズケーキ550円

路地裏のしっとり落ち着いた古民家

koharucafe コハルカフェ

かわいらしい庭を眺めながら過ごせる古民家カフェ。人気のメニューは、濃厚なのに口の中でスッと溶けていくニューヨークチーズケーキ。ハンドドリップでていねいに淹れたコーヒーと共に味わって。

- ☎ 0742-26-1710
- 奈良市東包永町61
- 11:00～14:30
- 休 木・金曜
- P あり
- 近鉄奈良駅から徒歩15分
- MAP 付録① D-2

隠れ家的お店は見落とし注意

住宅街が続く中にさりげなく営業するカフェは、気付かず見落としそうになることも。看板などをじっくり探してみて。

お昼のかやく飯御膳1500円～。主菜は日替りを含め、季節のメニューなど数種から好みの一つを選べて、おばんざいや汁物が付く

大正時代の古民家を改装した店内

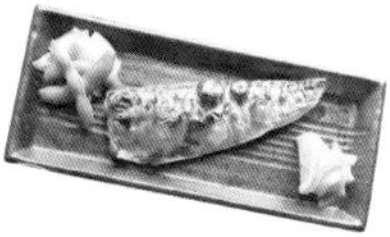

選べる主菜の一つ自家製燻製仕立ての塩鯖

お米好きな店主がこだわりを極めた御膳

かやく飯とお酒 かやく かやくめしとおさけかやく

曲げわっぱの蓋を開けると、昆布とカツオのだしの香りが立ち上がる「かやく飯」が評判。玄米を使う分ずつ精米し羽釜で炊き上げる。昼は御膳スタイルで、夜は季節のかやく飯をコースで。

☎0742-26-6870
奈良市北半田中町26
11:30～13:30、17:30～20:00(要予約、2時間制)
休 日曜、祝日(臨時営業あり)、不定休 P なし
近鉄奈良駅から徒歩7分
MAP 付録① D-3

きまぐれ御膳1800円～。メイン料理に副菜を3種、お漬物、ごはんやお味噌汁。それにデザートやコーヒーまで付くのもうれしい

丸窓がある落ち着きのある店内

甘さ控めの昔ながらのプリン400円

住宅街に立つ三角屋根の古民家カフェ

お台所&サロン かたつむり おだいどころアンドサロンかたつむり

戦前に建てられた民家を活かしたギャラリーサロン&カフェ。建物や庭のゆったりと時間が流れるような雰囲気の中で、手間を惜しまず一から手作りするスイーツやランチが味わえる。

☎0742-25-5366
奈良市法蓮町1269
11:00～18:00
休 不定休
P なし
近鉄奈良駅から徒歩15分
MAP 付録① B-2

きたまちには他にも大正時代の工場を改装した喫茶、工場跡事務室（P.25）があり、こちらも素敵なお店です。

閑静な通りとハイセンスな店が混在 文化とアートが香る高畑《たかばたけ》を訪ねて

作家・志賀直哉も居を構え、文人たちが行き交った高畑界隈。今では閑静な住宅街が続くなかに、ゆったりとくつろげるカフェやアンティークショップなどがあり、奈良のカルチャーエリアです。

文豪の息吹を感じる屋敷へ

志賀直哉旧居 しがなおやきゅうきょ

1929（昭和4）年から9年間、文豪・志賀直哉が家族とともに住み、傑作『暗夜行路』を書き上げた場所。自ら設計し、数寄屋造りに洋式の風情を融合させた家には、武者小路実篤や浜田葆光など文人墨客が集った。

文学館 ☎0742-26-6490 住奈良市高畑町1237-2 🕒9:30～17:30（12～2月は～16:30） 休無休 ¥350円 Pなし バス停破石町から徒歩8分 MAP付録① F-6

天窓のあるサンルームは、文人や画家が集い、高畑サロンと呼ばれた

企画展示室では、多様なフォトアートを気軽に楽しめる

美しい大和の風景を写真で

入江泰吉記念 奈良市写真美術館

いりえたいきちきねんならししゃしんびじゅつかん

半世紀に渡り奈良を撮影した写真家・入江泰吉の全作品を収蔵保存する美術館。約8万点の作品の中から随時テーマ替えをし、企画展を開催する。また、国内作家を中心に優れた写真作品が展示されている。

美術館 ☎0742-22-9811 住奈良市高畑町600-1 🕒9:30～16:30 休月曜、祝日の翌平日（月曜が祝日の場合は翌日休、展示替期間休） ¥500円 Pあり バス停破石町から徒歩10分 MAP付録① G-6

小さな幸せ届けるスイーツ

幸福スイーツ アルカイック

こうふくスイーツアルカイック

パリのお菓子屋さんをイメージした丁寧に作る焼き菓子と雑貨を販売。人気は鹿のクッキーが愛らしい甘納豆ときなこ味の鹿マフィン。ハンドメイドアクセサリーやポストカードといった、かわいい雑貨にも注目して。

焼菓子・雑貨 ☎0742-24-7007 住奈良市福智院町44-1 🕒10:30～18:00 休水曜 Pなし 近鉄奈良駅から徒歩15分 MAP付録① D-6

レンガ敷きと大樹の緑がエントランスを彩る、パリのアパルトマン風の外観

ぐるっと回って **5時間**

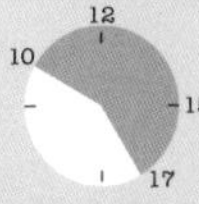

おすすめの時間帯

エリアが広いので、めぐる順番は事前に決めておきましょう。途中でバスを利用するのもおすすめ。長い坂道もありますが、天気がよければレンタサイクルも気持ちいいです。

高畑ってどんなところ？

春日大社の南に位置し、ならまちの東から新薬師寺あたりまでが高畑。主には住宅地ですが、個性的な店が続々登場しています。

5

6

7

8

1土塀が続く高畑の落ち着いた町並み 2志賀直哉旧居は数寄屋造りを基調にしたたたずまい 3建築家、黒川紀章が設計を手掛けた入江泰吉記念奈良市写真美術館 4幸福スイーツ アルカイックの奈良のしかさんマフィン400円 5 6窓から若草山が一望できるfangleの店内。インドやアフリカなど各国から仕入れたアンティークや布、雑貨が並ぶ 7ひっそりとして心落ち着く、新薬師寺の境内 8小物入れに使えるTOMOSHIKIの巾着袋 各3850円～

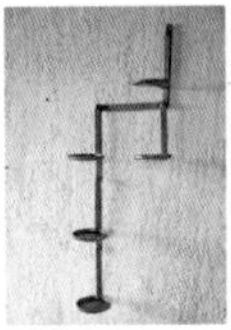

ハンギング・ソーサー 9570円（上）と、フォールディングチェア19800円（右）。いずれも折りたためる

人の手を感じる古道具と鉄アイテム

fangle ファングル

海外のアンティークを中心に、生活道具やアクセサリー、インテリアのパーツなど、存在感を放つものたちが出迎えてくれる。インドの鍛冶職人にオーダーする鉄製のチェアやラックなど、オリジナルアイテムも販売。

輸入雑貨 ☎0742-81-8537
奈良市高畑町1215-5 ⏰12:00～19:00
休日～火曜 Pあり バス停破石町からすぐ MAP付録① F-6

最古の十二神将の古刹

新薬師寺 しんやくしじ

747（天平19）年、聖武天皇の病気平癒を祈り、光明皇后が建立。南都十大寺の一つに数えられる、華厳宗の寺院。本堂内陣には、本尊の薬師如来像と、最古といわれる十二神将像が安置される。いずれも国宝。

寺院 ☎0742-22-3736 奈良市高畑町1352 ⏰9:00～17:00 休無休 ¥600円
Pあり バス停破石町から徒歩13分
MAP付録① G-6

迫力満点の十二神将像は、等身大。それぞれ方角を守っていることから、十二支の各守護神としても信仰される

受注制作しているオリジナルの洋服のサンプルが並ぶ

ナチュラルテイストな商品が集まる

TOMOSHIKI トモシキ

手づくりの服と、日用品・雑貨のセレクトショップ。国内外から厳選して集められた品々は自然や日常生活に寄り添う、長く愛用できる品ばかり。服は天然素材を使い、オーナーみずから縫製を手掛ける。

服・雑貨 ☎0742-77-3766
奈良市高畑町663 1F ⏰11:00～19:00
休火～金曜 Pあり バス停破石町から徒歩4分 MAP付録① F-6

入江泰吉が戦後から亡くなるまで暮らした自宅も公開され、入江氏の作品に関する講座等が開催されています。☎0742-27-1689

ゆったりした空気が流れる 高畑のカフェでくつろぎタイムを

緑豊かなガーデンカフェや趣のある古民家カフェなど
さまざまなスタイルのカフェが点在する高畑。
こだわりのランチプレートや自家製スイーツをおともに、憩いのひと時を楽しんで。

1木のテーブルを配した店内 2洋館とともに文化財指定を受けているエントランスの土塀 3季節の草花が彩るテラス席も人気 4看板には隣接する志賀直哉旧居にちなんだ店名の由来が記されている

たかばたけ茶論

たかばたけさろん

洋画家の中村一雄氏が、現代人のサロンにと、自宅の庭を開放してはじめたカフェ。敷地内に建つ有形文化財の洋館や樹齢百年のヒマラヤ杉を眺めながら、挽き立てのコーヒーと手作りケーキでくつろげる。

☎0742-22-2922
奈良市高畑町1247 14:00～17:30 休 月～木曜 P なし
バス停破石町から徒歩7分 MAP 付録① F-6

コーヒー600円とチーズケーキ700円。セットで注文すれば100円引き

高畑サロンとたかばたけ茶論

志賀直哉旧居には、かつて文人たちが集い「高畑サロン」と呼ばれた部屋が。隣接する「たかばたけ茶論」の店名は、これに由来するとか。

心も体も満たされる 糀たっぷりの料理

畳が落ち着く店内。えんの糀プレート1800円は季節によって内容が変わる

糀料理とビオスチームのお店 えん

こうじりょうりとビオスチームのおみせえん

体が喜ぶランチやスイーツを味わえるカフェ。塩糀や甘糀など自家製の発酵調味料や旬の食材を使ったメニューに、ビオスチームも楽しめる。

☎0742-24-2178 奈良市白毫寺町228 ランチ11:30～14:00、カフェ 14:00～17:00、ディナー17:00～(ディナーは要予約) 休日・月曜 Pあり バス停高畑住宅から徒歩13分 MAP付録① G-7

静かな時間が流れる古民家

素材の味を大切にした ふわふわ新食感ケーキ

店内はイートイン可能。空気ケーキ(プレーン)各216円は生クリームと餡をサンド

空気ケーキ。

くうきケーキ

ふわふわのお菓子とカフェの店。ころんと愛らしい形の店名と同名スイーツが人気で、有精卵など厳選素材を用い軽やかに仕上げる。

☎0742-27-2828 奈良市高畑町738-2 ふれあい会館1F 9:00～18:00(イートインは10:00～17:00) 休火・水曜(祝日の場合は営業) Pあり バス停破石町からすぐ MAP付録① F-6

緑に囲まれたエントランスに惹かれる

居心地のよい空間で 一日の元気をチャージ

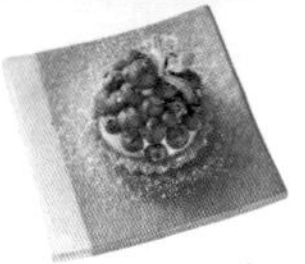

ソファ席もありどこに座るか迷いそう。朝もOKの季節のタルト600円

cafe zuccu

カフェズック

モーニングやスイーツなど朝からしっかり食べられると人気のカフェ。アンティーク家具が配されたレトロな店内で、おいしい時間に浸れる。

☎0742-87-2334 奈良市高畑町728 8:00～17:00(モーニングは～10:30、ランチは11:00～14:00) 休木曜 Pあり バス停破石町からすぐ MAP付録① F-6

築150年の町家を改装

糀料理とビオスチームのお店 えんでは、メニューに使われている発酵調味料を購入することもできます。

お気に入りはここで見つけて
高畑のギャラリー＆雑貨ショップ

文人やアーティストにも愛されてきた高畑には、
暮らしの品々を扱うギャラリーやアンティークショップなど、
店主のセンスがキラリと光るすてきな店が点在しています。

暮らしに寄り添う手仕事の品

空櫁
そらみつ

美しい器や生活道具が並ぶ、一軒家のギャラリー＆ショップ。手仕事から生まれるモノの魅力を、店主がひとつひとつ丁寧に解説してくれる。

080-6138-2957 奈良市高畑町1445-1
12:00～18:00（11～3月は～17:00）
休 不定休 P あり
バス停破石町から徒歩10分
MAP 付録① G-6

和歌山で作られているシュロのタワシ各770円

1 カトラリーからシュロの箒まで、さまざまな生活の道具が展示された店内 2 奈良の作家さんの器も 3 細い路地を進むと笹の生け垣に囲まれた古い建物が見えてくる

4 5 使い勝手の良いシンプルで美しい陶器が並ぶ店内

観葉植物などもありインテリアのお手本にもなる空間

人との出会いも旅の醍醐味

すてきなショップを見つけたら、ぜひ店主との会話も楽しんで。商品のことはもちろん、イベントなどの情報を教えてくれることも。

普段使いしたいアンティーク

満月アンティーク

まんげつアンティーク

店主がイギリスやフランスで集めたアンティークが並ぶ。アクセサリーやレース、ボタンなど、長い年月を経た一品との出会いを。

ハート形ブローチ26800円。1900年頃のフランス製

カフェや眼鏡ショップの並びにある店

☎0742-24-2508
住 奈良市高畑町840-1
⏰12:00〜18:00頃 休 火・水曜、臨時休業あり P あり
🚶バス停高畑町からすぐ
MAP 付録① E-6

趣ある古長屋にレースや食器、アクセサリーがセンス良く並ぶ

1 食器や小物がずらりと並んだ棚の前には何時間でもいられそう 2 イングリッシュガーデン風アプローチ 3 やわらかな陽光がカップに注がれる

海を越え、時を超えて集まった英国の暮らしの品々

MLPショップ エムエルピーショップ

30〜150年ほど前の生活用品から家具まで、イギリスのヴィンテージ雑貨全般を扱うアンティークショップ。遠方から足を運ぶ人も多い。

☎0742-26-3460 住 奈良市高畑町1028
⏰11:00 〜 19:00 休 日〜木曜、不定休
P あり 🚶近鉄奈良駅から徒歩16分
MAP 付録① E-6

アンティークボトル各1000円〜

空檬では、online展や料理教室など不定期でイベントも開催しています。

奈良の自然と歴史をゆったり感じる気になるホテル&ゲストハウスへ

奈良の中心地には、風景に溶け込むこだわりの宿があります。
早朝や夜に街や庭園を散策すると、
昼間の観光だけでは気づかなかった、街の表情に出会えるかもしれません。

①客室は全室異なるしつらえのスイートルーム（写真はプレミアムコーナースイート）②奈良の特産品である墨をイメージしたシックな装いのロビーラウンジ ③朝食は茶粥など奈良産のヘルシーな食材たっぷり ④食事は趣のある庭園を通り、離れの日本料理「滴翠」へ。夕食は日本料理か鉄板料理から選べる ⑤館内には、一本一本糸を紡ぐ「奈良晒」のランプなど、奈良の職人技を感じるアートや伝統工芸品が随所に飾られる ⑥和漢植物の香りが楽しめる露天風呂

奈良の伝統と自然に触れるスモールラグジュアリーリゾート

ふふ 奈良 ふふなら

奈良公園の一角に誕生した、奈良の地を感じる全室スイートルームの宿。木々のぬくもりに包まれるような客室はすべて緑豊かな日本庭園に面しており、天然温泉の露天風呂も完備。大和野菜や和漢植物、和ハーブを使った体にやさしい日本料理の食事が極上のリラックスステイを彩る。

☎0570-0117-22
住 奈良市高畑町1184-1
時 IN15:00 OUT11:00
室 洋30 P あり
交 近鉄奈良駅から徒歩20分
MAP 付録① E-6

宿泊プラン

スタイリッシュスイート
1泊2食付46200円～
（入浴税別）
薬湯入浴付きのスパもオプションで体験できる

生姜のデトックス効果でほっこり

「宿 一灯」に併設する「生姜足湯休憩所」の足湯では、すりおろした無農薬生姜を使用し20分も入ればぽかぽか。散策で疲れた足を休めましょう。

昔と今の奈良が融合した宿

宿 一灯

やどひとともり

築140年の町家を改装した、1日1組限定の隠れ家のような宿。建築やインテリア、庭などは現代の奈良のクリエイターが手がけており、随所にこだわりを感じる。併設の「生姜足湯休憩所」では、足湯とドリンクやスイーツが楽しめる。

☎080-1169-4257（宿 一灯）
☎080-3771-5354（生姜足湯休憩所）
奈良市福智院町1-3
IN16:00 OUT10:00 室 一棟貸し
P なし 近鉄奈良駅から徒歩17分
MAP 付録① D-6

宿泊プラン

1泊31500円～
1～6名での素泊まりが可能。キッチンやシャワー付き

1趣のある庭を望む多目的スペース。奥にはオーナーの建築事務所がある **2**奈良を拠点にするlistudeの多面体スピーカーから心地よいBGMが流れる客室 **3**生姜足湯（ひとくち生姜シロップ付き）1000円。**4**生姜足湯休憩所は宿泊客以外も利用できる

宿泊プラン

スタンダードプラン
1泊朝食付15680円
※1名料金

11階のカフェバーはスイーツや伝統保存食をアレンジした酒肴プレート、夜食には三輪そうめんのにゅうめんなどを提供 **2**奈良公園の南橋に位置する荒池のほとりに面したカフェバー **3**清潔感溢れる木の空間 **4**旬の野菜のせいろ蒸しなどが味わえる和の朝食。洋食メニューも

文化や自然に親しむ ライフスタイルホテル

MIROKU 奈良 by THE SHARE HOTELS

ミロクならバイザシェアホテルズ

世界遺産に登録されている春日山の原始林を望む客室、吉野杉を用いた客室など、滞在をすることで奈良らしさが感じられる宿。奈良の名店「くるみの木」が監修した朝食が味わえるのもその一つ。奈良公園にほど近いため、朝の散歩なども楽しめる。

☎0742-93-8021 奈良市高畑町1116-6 IN15:00 OUT10:00 室 和洋20室、洋24室 P なし 近鉄奈良駅から徒歩10分 MAP 付録① D-5

「MIROKU 奈良 by THE SHARE HOTELS」では、吉野杉、飛鳥石、宇陀和紙などの素材を用いたプロダクトで奈良を感じることができます。

あこがれの奈良ホテルで美食と寛ぎの贅沢ステイ

**明治の末に、関西の迎賓館として創業。
世界の VIPに愛されてきた、洗練された空間ともてなしに
日常を忘れるぜいたくな時間を満喫しましょう。**

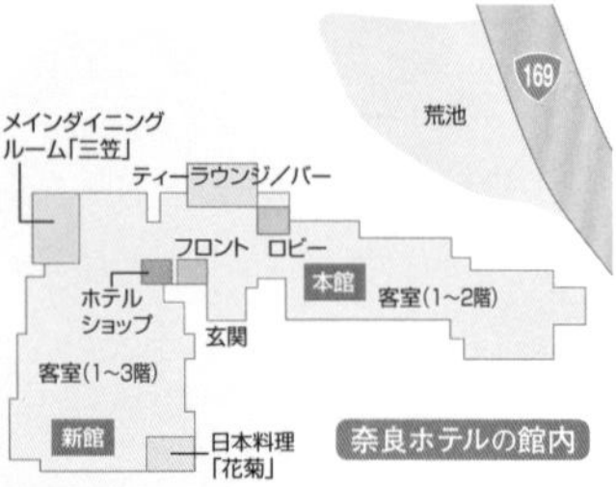

長い歴史が刻まれた趣ある空間で過ごす

奈良ホテル

ならホテル

関西屈指の名門ホテルとして知られる、奈良ホテル。東京駅や日銀本店などを手がけた辰野金吾の設計で、桃山御殿風檜造りの格調高い建物。奈良公園の中にあり、四季折々の奈良の風情が楽しめる。

☎0742-26-3300 奈良市高畑町1096 IN15:00 OUT11:00 室洋125、和2 Pあり バス停奈良ホテルからすぐ MAP付録① D-5

荒池越しに見る奈良ホテル。緑に溶け込み、風格が感じられる

おすすめ宿泊プラン

**四季の移ろいや美しい眺めで
心身をリフレッシュ。
お得にゆったり古都を満喫。**

「【WEB予約限定】Bed&Breakfast朝食付プラン」

1泊 15000円～
(2名1室利用時の一人料金)

奈良ホテルの華麗な歴史

1909(明治42)年、関西の迎賓館としてスタート。アインシュタイン、ヘレン・ケラー、オードリー・ヘップバーンなども訪れました。

さあ、まいりましょう。

アプローチ

表門からゆるやかな坂道を上って、正面玄関へ。

本館へ

檜造りの風格ある本館。日本建築の美しさをたたえている。

フロント

チェックインした瞬間に、クラシックな空間の一員に。

ロビー「桜の間」

ひと休み。アンティークなシャンデリアやソファが重厚な雰囲気。

ホールから階段

玄関ホールから吹き抜けを上がる大階段。赤い絨毯が豪華。

あの博士が演奏したピアノ

1922（大正11）年、アインシュタイン博士が奈良ホテルに来館。ロビーの「桜の間」には、博士が弾いたピアノが残っています。

客室

本館2階のスタンダードツイン。機能は新しく、雰囲気は創業当時のまま。

1階廊下

1階に下りてメインダイニングルームへ。扉の向こうにはどんな世界が…？

ダイニングルーム

和風シャンデリアが輝くメインダイニングルーム「三笠」。

重厚華麗な空間が広がる、1909（明治42）年創業以来のメインダイニングルーム

ディナー

伝統的フランス料理のディナーをいただきます。

バーで

食後はバーで大人のひとときを。

おやすみなさい。

朝食

郷土料理の茶がゆでおはようございます。

きっとまた来ますね。

本館、客室は全室禁煙。天井が高く、クラシックなゆったりとした雰囲気です。

myことりっぷ

暮らしのお手本にしたくなる「くるみの木」で過ごすひととき

カフェ＆雑貨店の草分けとして知られる「くるみの木」は、地元でもファンが多く、毎週通う人もいるほど。和やかな空気が流れる、居心地の良い場所です。

緑に囲まれた一軒家へ

くるみの木

‖新大宮‖くるみのき

40年間、地元はもちろん全国から愛されるお店。空間とおいしいランチが人気の開店当時から変わらないカフェや雑貨店など、いろいろな楽しみ方ができる。

奈良市法蓮町567-1 休店舗により異なる Pあり 近鉄新大宮駅から徒歩15分 MAP付録② C-2

1スタッフが実際に使い本当におすすめするものだけが並ぶ「cage」 2シンプルなしつらいの中に温かみを感じる空間 3季節の移ろいを感じる緑豊かな庭 4グローサリーには食卓に取り入れたくなる食料品が並ぶ 5窓から木漏れ日が差し込む 6季節のタルト506円～でひとやすみ 7リネンやシルクの肌触りにうっとり 8白い看板が目印

地元ファンに人気のランチ

隔週でメニューが替わるランチは、季節の食材をふんだんに使用。予約優先なので、事前の電話予約がおすすめ。

陽光差し込む空間でゆったり食事やお茶を

CAFE

くるみの木一条店

くるみのきいちじょうてん

旬の野菜や地元の食材をふんだんに使った、混ぜごはんやおかず。心と体が喜ぶランチのほか、季節の果物を使うケーキなど、スイーツも充実する。

☎0742-23-8286 ⏰11:00〜16:30 休水曜、第3火曜

1明るく広々とした空間でランチやティータイムを 2季節のランチ1760円は隔週で更新 3やさしい時間が流れる店内

ZAKKA

cage カージュ

スタッフも着用する鹿ブローチ2200円

おいしく安全なもの、長年大切に使い続けられるもの。日々を慈しむ人のそばにふさわしい生活道具をセレクト。季節ごとのディスプレイにも注目を。

☎0742-20-1480 ⏰11:00〜17:00 休火・水曜

1色々な形の貝ボタンセット1320円 2暮らしに取り入れやすいシンプルな雑貨が並ぶ

NOiX La Soeur

FASHION

ノワラスール

美しいシルエットのワンピースや肌にサラリと馴染むTシャツなど、上質な素材をシンプルに仕立てた着心地のよい洋服がそろう。

☎0742-20-4600 ⏰11:00〜17:00 休火・水曜

1屋根裏部屋のような空間 2「dosa」のシルクワンピースなどが素敵

くるみの木は、カフェという概念が浸透していない1983（昭和58）年に空間コーディネーターの石村由起子さんが開店したお店です。

佐保路の三観音もお楽しみ 平城宮跡周辺さんぽ

**東大寺転害門《てがいもん》から平城宮跡まで続く佐保路、
平城宮跡からさらに西へと続く佐紀路。
道沿いの古寺で、美しい仏さまがお待ちかねです。**

平安貴族の理想の女性を拝見

不退寺 ふたいじ

美男の誉れ高い平安の歌人・在原業《ありわらのなり》平《ひら》が、祖父の平城天皇の御所を寺にしたのがはじまり。

聖観音立像

しょうかんのんりゅうぞう

在原業平が理想の女性をモデルに、自ら彫ったと伝えられている。耳のそばに施したリボンのような装飾が特徴的

寺院 ♪080-8943-1201 奈良市法蓮町517 ⏰9:00～17:00 休無休 ¥500円（特別展600円） Pあり バス停一条高校前不退寺口から徒歩5分 MAP付録② C-2

容姿端麗な光明皇后がモデル

法華寺 ほっけじ

仏教を厚く信仰した光明皇后が、父である藤原不比等の邸宅跡に総国分尼寺として創建し栄えた。

十一面観音立像

じゅういちめんかんのんりゅうぞう

光明皇后が蓮池を渡る姿を写したもので、風になびく髪やゆるやかな指先の表現など、命を宿しているよう

寺院 ♪0742-33-2261 奈良市法華寺町882 ⏰9:00～16:00（5月1日～11月15日は～16:30） 休無休 ¥700円（特別拝観時は別料金） Pあり バス停法華寺から徒歩3分 MAP付録② C-2

緻密な装身具の意匠にほれぼれ

海龍王寺 かいりゅうおうじ

731（天平3）年、光明皇后が遣唐使の無事を祈って創建。航海安全祈願の寺として知られる。

十一面観音立像

じゅういちめんかんのんりゅうぞう

光明皇后が刻んだ像をもとに、鎌倉時代に慶派仏師が造ったとされる美仏。装身具を全身にまとい、彩色も華やか

寺院 ♪0742-33-5765 奈良市法華寺北町897 ⏰9:00～16:30 休8月12～17日、12月25～31日（悪天候の場合は閉門） ¥500円（十一面観音の特別拝観時は600円） Pあり バス停法華寺からすぐ MAP付録② C-2

世界遺産「平城宮跡」が公園に

平城宮跡歴史公園

へいじょうきゅうせきれきしこうえん

第一次大極殿や朱雀門といった復原建物のほか、奈良時代を体感できる展示施設などが楽しめる。

歴史公園 ♪0742-36-8780（平城宮跡管理センター） 奈良市二条大路南 ⏰施設により異なる 休施設により異なる Pあり バス停朱雀門ひろば前からすぐ MAP付録② C-2

1平城宮の正門であった朱雀門の前では外国使節の送迎、人々が集まり歌をかけ合う「歌垣」なども行われた 2奈良時代の出土品や第一次大極殿の構造模型などが見られる平城宮いざない館

ぐるっと回って **5時間**

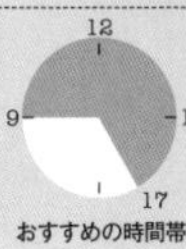

おすすめの時間帯

比較的広い範囲に寺院が点在しているので、バスを利用すると効率的。不退寺までバスで行けば、海龍王寺、法華寺は歩いてまわれます。近鉄大和西大寺駅でレンタサイクルを借りるのも手です。

奈良時代からあった佐保・佐紀路

佐保・佐紀路とは、奈良時代に都の北側を通っていた道のこと。当時は貴族や朝廷の官僚の屋敷が並ぶ“高級住宅街”だったとか。

静かに微笑みかける
東洋のミューズ

秋篠寺《あきしのでら》

奈良時代末期の創建。伎芸天のほか、薬師如来、帝釈天など本堂には多数の仏像が安置される。

寺院 ☎0742-45-4600 奈良市秋篠町757 🕒9:30～16:30 休無休 ¥500円 Pあり 👣バス停秋篠寺からすぐ MAP付録② B-1

伎芸天立像《ぎげいてんりゅうぞう》

芸能を司る日本唯一の伎芸天像。神秘的な微笑みを浮かべる美しい姿から、東洋のミューズと称されている

ここでひと休み

東の東大寺に対する西の大寺

西大寺《さいだいじ》

765(天平神護元)年に称徳女帝の勅願により創建し、鎌倉時代に叡尊上人が復興した歴史ある寺。江戸期再建の本堂・四王堂・愛染堂が残る。大茶盛でも有名。

寺院 ☎0742-45-4700 奈良市西大寺芝町1-1-5 🕒8:30～16:30 休無休 ¥本堂・四王堂・愛染堂共通拝観800円 Pあり 👣近鉄大和西大寺駅から徒歩3分 MAP付録② B-2

サイフォンで淹れる
香り高いコーヒーを

自家焙煎珈琲Cauda《じかばいせんこーひーカウダ》

コーヒーマイスターが手がける、スペシャルティコーヒーの店。くつろぎ感のある家具に身をあずけ、本格コーヒー＆自家製スイーツを楽しんで。

ミルクたっぷりのカフェラテ580円と、人気のNYチーズケーキ400円

喫茶店 ☎0742-36-2356 奈良市二条町3-4-9 🕒10:00～22:00 休月・火曜 Pあり 👣近鉄大和西大寺駅から徒歩10分 MAP付録② B-2

サイフォンからの香りが漂う、オープンカウンターを備えた店内

平城宮跡歴史公園には、発掘された遺構そのものが展示されている遺構展示館など、学びのスポットもあります。

平城京の西に位置する「西ノ京」には二つの世界遺産があります

華麗な薬師寺と、鑑真和上ゆかりの唐招提寺。
奈良屈指の世界遺産二寺が近接する西ノ京エリア。
民家や田園が広がる、のどかな雰囲気も魅力です。

1国宝・薬師如来坐像の両脇に、昼も夜も癒しを与えることを意味する日光・月光菩薩像を安置 21528（享禄元）年に焼け落ちた金堂。長らく仮のお堂のままだったが、1976（昭和51）年に復興された 3創建時から唯一現存する国宝の東塔は「凍れる音楽」とたたえられる美しい姿。2020年12月に12年におよぶ解体修理が完了 4若草山を背景に立つ、東塔と西塔

蘇った伽藍で美しい薬師三尊像と対面

薬師寺《やくしじ》

天武天皇が皇后（のちの持統天皇）の病気回復を願って建立に着手。天皇崩御後に持統天皇が飛鳥の藤原京に完成させた。平城遷都後の718（養老2）年、現在地へ移された。

白鳳の飛天1300円は、東塔水煙の天人をあしらった干菓子

寺院 ☎0742-33-6001 奈良市西ノ京町457
8:30～16:30（2024年3月からは9:00～） 休 無休 ¥800（2024年3月からは1000円） P あり 近鉄西ノ京駅からすぐ MAP 付録② B-3

ぐるっと回って **3時間**

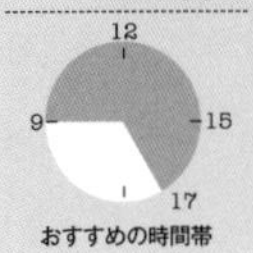

薬師寺と唐招提寺は近鉄西ノ京駅からともに徒歩圏内。駅に近い薬師寺からまわりましょう。時間があれば、伝統工芸の職人の仕事風景が見学できる「がんこ一徹長屋」に立ち寄っても。

薬師寺では薬師如来の台座にも注目

ペルシャの蓮華文様や中国の青龍などが浮き彫りされている薬師如来の台座は、シルクロードの文化交流を体現しています。

幾度の航海を乗り越えた鑑真のお寺

唐招提寺 とうしょうだいじ

聖武天皇の招きに応じ、来日した唐の高僧・鑑真和上が759（天平宝字3）年に創建。大火や兵火に遭わなかったため、金堂をはじめ奈良時代の貴重な建造物が多く残されている。

寺院 ☎0742-33-7900 住奈良市五条町13-46
時8:30～16:30 休無休 ¥1000円 Pあり
近鉄西ノ京駅から徒歩10分 MAP付録② B-3

1

唐招提寺オリジナルの蓮線香

3

1礼堂（らいどう）には重要文化財の釈迦如来立像、日供舎利塔を安置
2金堂に安置される盧舎那仏坐像、千手観音立像、薬師如来立像の3体の仏像はいずれも国宝
3境内には約130の蓮鉢と2つの蓮池があり、鉢は6月中旬～7月下旬、池は7月中旬から8月初旬が見ごろ。花が咲く午前中に訪れて

2

ここでひと休み

薬師味噌と豊富な奈良漬をみやげに

本家寿吉屋

ほんけじゅきちや

薬師寺南門前の奈良漬専門店。ウリやセロリ、ゴボウなど、種類豊富な奈良漬がそろう。きざみ奈良漬648円～。

白ご飯を呼ぶ薬師味噌も名物

漬物 ☎0742-34-8117 住奈良市西ノ京町392-2
時9:00～17:00 休火・木曜 Pあり
近鉄西ノ京駅から徒歩3分 MAP付録② B-3

体にやさしくヘルシーな休息時間

のどかふぇ

のどかな雰囲気が魅力の一軒家カフェ。無農薬野菜や特別栽培米などを使う日替わりランチや、手作りスイーツが人気。

シフォンケーキ入りのわらびもちパフェ960円。6才以下入店不可

カフェ ☎0742-33-0910
住奈良市五条町162-2 時11:00～16:30
休水・木曜 Pあり 近鉄西ノ京駅から徒歩10分 MAP付録② B-3

若草山を背景にした薬師寺の遠景は奈良を代表する景色のひとつ。近鉄西ノ京駅の西側にある大池越しに眺められます。

法隆寺をはじめ、名刹が点在する斑鳩《いかるが》の里をめぐりましょう

現存している世界最古の木造建造物、法隆寺を筆頭に、
斑鳩には聖徳太子にゆかりのある寺が点在しています。
仏像鑑賞も楽しみな古刹探訪。のどかな風景も醍醐味です。

春秋の秘宝展も楽しみな仏教美術の宝庫へ

法隆寺 ほうりゅうじ

607（推古15）年、聖徳太子と推古天皇が創建。広大な境内には、世界最古の木造建築で知られる五重塔や金堂をはじめ、聖徳太子御身像という救世観音像を安置する夢殿など、見どころは多い。春秋の秘宝展は、3ヶ月間開催。

寺院 ☎0745-75-2555 ⌂斑鳩町法隆寺山内1-1
⏰8:00～17:00（11月4日～2月21日は～16:30） 休 無休 ¥ 1500円（西院伽藍内、大宝蔵院・百済観音堂、東院伽藍内共通） P なし
‼バス停法隆寺参道からすぐ MAP 72

1 釈迦三尊像、薬師如来像、日本最古の四天王像などが集合する金堂
2 五重塔は、上層へ行くほど小さく設計されすらりとした美しさをみせる

中門で迎える金剛力士立像も日本最古。右が吽形、左が阿形で表面の朱色が良く残る

ぐるっと回って
4.5時間

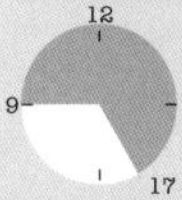

おすすめの時間帯

史跡が点在しているので、バスかレンタサイクルがおすすめです。のんびり歩くなら、駅から一番離れている法起寺を最終に訪ね、復路はバス利用という方法もあります。

法隆寺iセンターの活用を

レンタサイクルなら、法隆寺参道バス停前のiセンターへ。観光マップも設置していますよ。
☎0745-74-6800（斑鳩町観光協会）

飛鳥時代を代表する微笑みの如意輪観世音菩薩

中宮寺 ちゅうぐうじ

聖徳太子が生母の穴穂部間人皇后《あなほべのはしひとこうごう》のために創建した日本最古の尼寺で、法隆寺と対をなして建つ太子創建7か所のひとつ。本殿にはアルカイックスマイルと呼ばれる本尊・菩薩半跏思惟像が安置される。

寺院 ☎0745-75-2106 斑鳩町法隆寺北1-1-2
営9:00～16:15（10月1日～3月20日は～15:45） 休無休
¥600円 Pなし バス停中宮寺前から徒歩5分 MAP72

1

2

1全てを包み込むように微笑む国宝の菩薩半跏像。世界三大微笑像のひとつ 2法隆寺の夢殿に隣接して受付がある

名作の仏像と三重塔に癒されて

法輪寺 ほうりんじ

落雷に遭い当初の様式で再建した三重塔

聖徳太子の息子、山背大兄王《やましろおおえのおう》が、父の病気平癒を願い建立したという。講堂に安置する7体以上の仏像は裏側も見ることができ、興味深い。

寺院 ☎0745-75-2686 斑鳩町三井1570 営8:00～17:00（冬期は～16:30） 休無休 ¥500円（3月下旬～6月下旬、9月中旬～11月下旬は表門で徴収） Pあり バス停中宮寺前から徒歩15分 MAP72

田園風景が似合う日本最古の三重塔

法起寺 ほうきじ

法隆寺、法輪寺とともに斑鳩三塔のひとつ

622（推古30）年、聖徳太子の遺命を受けた長男山背大兄王《やましろおおえのおう》が、岡本宮という宮殿を寺に改めたと伝わる。岡本寺とも呼ばれ、本尊は十一面観音菩薩像。世界遺産。

寺院 ☎0745-75-5559 斑鳩町岡本1873
営8:30～17:00（11月4日～2月21日は～16:30）
休無休 ¥300円 Pなし
バス停法起寺前からすぐ MAP72

ここでひと休み

バラエティに富んだ柿の葉ずし

平宗 法隆寺店

ひらそうほうりゅうじてん

160余年の歴史を持つ柿の葉ずしの老舗。奈良県産の米と新鮮なネタを使った寿司は、店内のランチでも味わえる。夏期限定のかき氷も人気。

鮭や鯖の柿の葉ずしと三輪そうめんなどが楽しめる奈良ランチ1800円

柿の葉ずし ☎0745-75-1110 斑鳩町法隆寺1-8-40 営10:00～16:00（土・日、祝日～17:00） 休無休 Pなし バス停法隆寺参道からすぐ MAP72

旬の素材を生かした創作料理を

ギャラリーカフェ鵤樂舎

ギャラリーカフェいかるががくしゃ

法隆寺のほど近くにある、野菜たっぷりのプレートランチ1750円が人気のカフェ。カフェメニューも充実。

カフェ ☎0745-43-8724
斑鳩町法隆寺西1-3-3
営11:00～16:00 休月・火曜 Pあり バス停法隆寺参道から徒歩7分 MAP72

店内には寺社建築のミニチュアを展示。宮大工の技に触れられる

1週間前までに斑鳩町観光協会へ予約をすると、ボランティアガイドさんが法隆寺を案内してくれます（無料）。

ランチもスイーツも魅力的な くつろぎの斑鳩カフェへ

**のどかな田畑の風景にも出会える斑鳩エリアには、
地元の素材を使ったメニューがいただけるカフェが点在しています。
居心地のいい空間は、お寺めぐりの立ち寄りにおすすめです。**

1

2

3

4

1 お肉かお魚をメインに、旬の野菜がたっぷり味わえる煮物やサラダがついた、ごはんプレート1000円 2 ランチメニューやおかず、焼菓子のテイクアウトも可能。敷地内には別店舗の現代アートギャラリーもある 3 人気のバターチキンカレー 900円には柔らかで分厚いとんかつのトッピング550円がおすすめ 4 小豆のベイクドチーズケーキ400円とチャイ600円

やさしい味わいにほっこり。食後は庭の散策も

GREEN SUN FOOD

グリーンサンフード

森をイメージして造られた庭を眺めながら、ゆったりと過ごせるカフェ。地元の野菜を使い栄養バランスを考えたランチプレートやスパイスのきいた野菜たっぷりの薬膳カレー、甘さ控えめのケーキなど、からだにやさしいメニューがそろう。季節の木や花が彩る庭もあり、自由に散策できるのもうれしい。

☎0745-60-1289
斑鳩町法隆寺1-9-33
11:30〜16:30
休 月曜（祝日の場合は翌日休）
P あり
バス停法隆寺前からすぐ
MAP 72

斑鳩名物の竜田揚げ

斑鳩を流れる紅葉の名所、竜田川。竜田揚げは、揚げ色が紅葉の流れる竜田川に似ていることから命名されたといわれ、斑鳩名物に。

1玄米雑穀ごはんがヘルシーなnagiAランチ1800円にはドリンク・デザート付き 2ミニデザートset600円 3手仕事好きの店主が手作りした看板が目印。事前予約不可、当日予約のみ可

料理と景色に癒される憩いのカフェタイム

garden cafe 凪

ガーデンカフェなぎ

のんびりとした斑鳩の風景を望める一軒家カフェ。目の前に広がる自家菜園の野菜やハーブを使い、ソースまでこだわった季節感たっぷりの手料理でもてなしてくれる。

☎0745-51-3814
⌂斑鳩町三井541
🕒11:00～16:00（ランチは～13:30）
休 月曜、土・日曜、祝日
P あり 👣バス停法起寺前から徒歩5分 MAP 72 ※現在休業中。2024年3月5日より営業再開

奈良を感じさせる美しい木造空間へ

和CAFE 布穀薗

わカフェふこくえん

明治期築の邸宅の一画を改装したカフェ。吉野杉の家具を配した落ち着きのある空間で、名物の竜田揚げや柿スイーツがいただける。特産の赤膚焼の器で味わえるのもうれしい。

☎0745-44-8787
⌂斑鳩町法隆寺2-2-35
🕒10:00～16:00
休 水曜（祝日の場合は営業）
P あり
👣バス停中宮寺前から徒歩5分
MAP 72

1柿と白あんの最中&豆腐白玉だんご850円 2大きな窓からは風格漂う母屋が望める 3竜田揚げランチ1750円 4改装された長屋門は、1893（明治26）年に母屋とともに建造されたもの

金魚で名高い奈良の城下町
大和郡山を訪ねましょう

江戸時代に栄え、今もその名残りを伝える大和郡山。
細格子の木造家屋や細い水路などを眺めつつ歩いてみれば、
金魚の街を物語る、かわいいおみやげにも出会えます。

1

2

3

4

5

6

1春は桜が美しい史跡郡山城跡 2 3多彩な金魚グッズがそろうこちくや 4本家菊屋の琥珀糖菓子、奈良まほろば金魚550円。パッケージは仕掛け付き 5豊臣秀吉も絶賛したという本家菊屋の名菓、御城之口餅6個入り770円～ 6かつての面影が残る商店街 7抹茶プリン、わらび餅など甘いものがいっぱいの抹茶パフェ 900円 8 9金魚の展示や休憩スペースもある箱本館「紺屋」 10箱本館「紺屋」近くには、日本三大稲荷のひとつ、源九郎稲荷神社(MAP77)がある 11無料で説明も聞ける町家物語館

史跡郡山城跡

しせきこおりやまじょうあと

筒井順慶が築城し、豊臣秀長が城郭を整備拡充した郡山城。往時を偲ぶ追手門などが復元されている。

城 ☎0743-52-2010(大和郡山市観光協会) 住大和郡山市城内町 営見学自由 Pなし 近鉄郡山駅から徒歩7分 MAP77

こちくや

金魚の雑貨などが並ぶみやげ店。金魚すくいコーナーもあり1回(ポイ2枚)150円で1年中挑戦できる。

みやげ ☎0743-55-7770 住大和郡山市紺屋町23-1 営9:00～18:30 休無休 Pあり 近鉄郡山駅から徒歩6分 MAP77

本家菊屋

ほんけきくや

400年の伝統を誇る御城之口餅が名物の和菓子店。店内には菓子の木型や茶釜など代々引き継がれてきた品も。

菓子舗 ☎0743-52-0035 住大和郡山市柳1-11 営9:00～18:30 休無休 Pあり 近鉄郡山駅から徒歩5分 MAP77

歴史ある大和郡山の金魚の養殖

江戸時代に郡山藩主が取り入れた金魚養殖。池や水路が多いなど好条件がそろっていたため盛んになり、現在も受け継がれています。

番屋カフェ

ばんやカフェ

かつての番屋を改装した史跡郡山城跡内にあるカフェ。三輪そうめんなどの軽食も用意する憩いの空間。

カフェ ☎0743-25-1545 ⌂大和郡山市城内町2 ⏰10:00～16:00 休 月・火曜 P あり 🚶近鉄郡山駅から徒歩6分 MAP 77

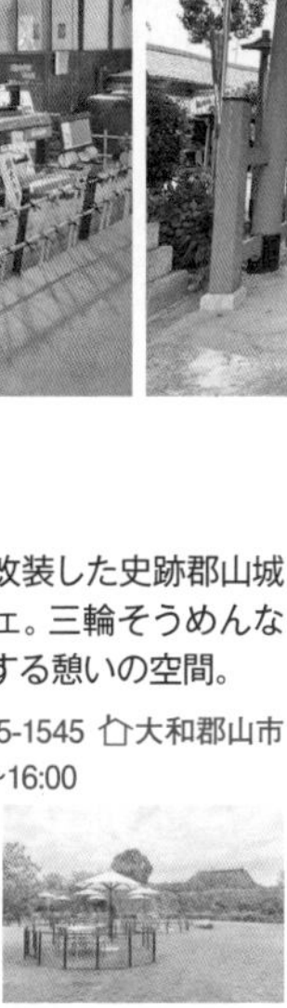

箱本館「紺屋」

はこもとかんこんや

江戸時代から続く元藍染商の町家を再生。染織道具や美術工芸品の展示のほか、事前予約で藍染体験もできる。

施設見学 ☎0743-58-5531 ⌂大和郡山市紺屋町19-1 ⏰9:00～17:00 休 月曜（祝日の場合は翌平日休） ¥ 無料 P あり 🚶近鉄郡山駅から徒歩5分 MAP 77

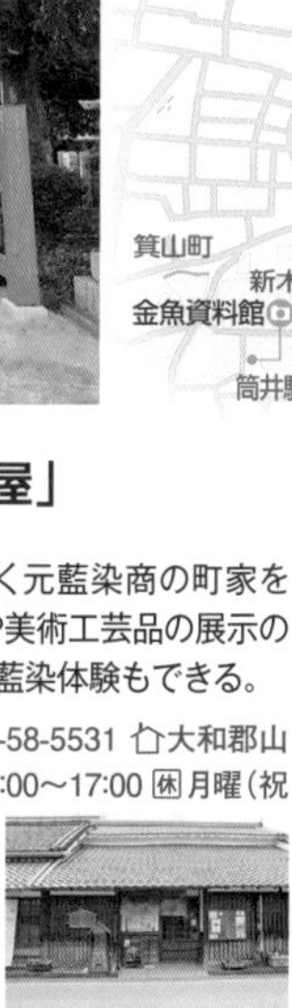

町家物語館

まちやものがたりかん

木造三階建ての近代和風建築で元遊廓のお屋敷。登録有形文化財の旧川本家住宅は、無料で一般公開する。

施設見学 ☎0743-52-8008 ⌂大和郡山市洞泉寺町10 ⏰9:00～16:30（カフェは10:00～16:00） 休 月曜日（祝日の場合は開館、翌平日休）、祝日の翌日 P なし 🚶近鉄郡山駅から徒歩6分 MAP 77

毎年8月には、金魚の町ならではのイベント、全国金魚すくい選手権大会が催されます。

わざわざでも訪ねてみたい 大和郡山で注目のショップ&カフェ

**フラワーショップに併設されたカフェや地元で愛されるパン屋さん、
雑貨も扱うかわいい本屋さん、オーダー制の服飾店など、
大和郡山には個性あふれる店が点在しています。**

ふらりと立ち寄り小さな発見や喜びを

とほん

新刊やリトルプレスから雑貨まで、店主がじっくりセレクトした品が並ぶ本屋さん。日常で何気なく開きたくなるような一冊に出会える。

本・雑貨 ♪080-8344-7676
大和郡山市柳4-28
🕒11:00～17:00 休木曜 Pなし
近鉄郡山駅から徒歩8分 MAP77

1金魚にまつわる本、食や暮らし、手仕事など女性好みの本も多い 2元畳屋を改装したレンタルスペースの1階にある

本を読む金魚のイラストが印象的なA4クリアファイル330円

奈良在住の詩人よるのほほんと暮らすための手引き書1210円

ボタンも生地もオリジナル

ミルツル

服飾デザイナーによるアトリエショップ。オリジナルテキスタイルで仕立てるブラウスやワンピースは完全受注制。ぜひサンプルで試着を。

洋服 ♪0743-52-4420
大和郡山市北郡山町130-3
🕒9:00～17:00 休日・水曜 Pあり
近鉄郡山駅から徒歩15分 MAP77

刺し子柄のリネンを用いた、えかきスモック35200円

12ほんのり着物風のシルエットや、後ろ前逆にしても着られるデザインなど、個性的な服が並ぶ 3雑貨店のような店構え

金魚に出会える柳町商店街へ

とほんなどがある柳町商店街には、金魚が泳ぐ自動販売機や改札機型の水槽があります。寄り道しながら歩いてみるのもおすすめです。

一番人気のアポロあんぱん170円（税別）

枝豆とローズマリーのパン180円（税別）

ナチュラルで優しい味わいのパン

豆パン屋 アポロ まめパンやアポロ

夫婦で営むアットホームなパン屋さん。あんパンや黒豆パンなど豆入りほか、実家の畑から直送される旨みある野菜を使った惣菜パンが並ぶ。

パン 0743-52-8106 大和郡山市高田口町40-4 8:00〜18:00 休 水・木曜、日曜 P あり JR郡山駅から徒歩5分 MAP 77

1 2 店内奥には、パンと一緒に季節のドリンクやコーヒーが味わえるカフェスペースも 3 通りに面した窓から工房が見える

華やかなランチや素朴な洋菓子を味わう

corolle kissa コロールキッサ

旬の食材や季節を意識したメニューを気軽な喫茶店で。ランチの人気はカフェ丼。日替りケーキでお茶時間も。

喫茶 0743-85-4721
大和郡山市北郡山町130-3 11:00〜17:00（土日、祝日〜18:00）、ランチは無くなり次第終了 休 月、火曜 P あり 近鉄郡山駅から徒歩15分 MAP 77

焼き菓子などの販売も。隣は姉妹店のフラワーショップ

1 カフェラテ638円、キャロットケーキ528円（テイクアウトは486円） 2 季節の自家製ポタージュ付きカフェ丼1320円。この日は、ごはんの上に蒸し豚の香味ソース、無花果のローズマリーマリネやグリル野菜など7種のおかず

ミルツルでは、裁縫の楽しさを体感できる、教室やワークショップなども開催。詳しくはHPをチェックしてみて。

myことりっぷ

古代に思いを馳せながら歩く 山の辺の道で歴史ロマン散策

古代から多くの人々が行き交い、『古事記』や『日本書紀』にも記される山の辺の道。古道をたどり、のどかな風景の中に点在する史跡をめぐりましょう。

ぐるっと回って

8時間

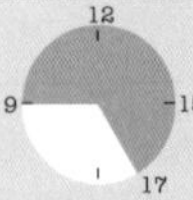

おすすめの時間帯

しっかりと歩けるスタイルで出発しましょう。天理から桜井まで歩くには丸一日かかるので、長岳寺を目安に2日に分けるか、歩きたいところを決めて近くの駅までJR桜井線を利用するのもおすすめ。

START

天理駅

JRと近鉄が通る天理駅。駅を出たら東に延びる天理本通りへ。商店街を抜けて、石上神宮を目指す。

田園風景の中に続く古代の道。時間を忘れてゆったり

石上神宮 いそのかみじんぐう

飛鳥時代に活躍した物部氏の総氏神。国宝の拝殿は、白河天皇が宮中の神嘉殿を寄進したと伝わる。

神社 ☎0743-62-0900 天理市布留町384 境内自由 Pあり 近鉄・JR天理駅から徒歩30分 MAP81

平安時代末期に移築されたと伝わる拝殿

天理観光農園 CafeWAWA

てんりかんこうのうえんカフェワワ

石窯焼ピザや名物の栗餅、自家農園の果物で作るジュースなど、多彩なメニューがそろう山小屋風のカフェ。焼菓子や雑貨の販売も。

カフェ ☎0743-66-1663 天理市園原町183 10:00～16:00 休 月・火曜、不定休 Pあり バス停乙木口から徒歩20分 MAP81

マルゲリータ1100円。栗を練り込んだ、あわこクッキー1袋300円

長岳寺 ちょうがくじ

824(天長元)年に弘法大師が創建。本尊の阿弥陀三尊や日本最古の鐘楼門など多くの文化財を有する。

寺院 ☎0743-66-1051 天理市柳本町508 9:00～17:00 休 無休 ¥400円 Pあり JR柳本駅から徒歩20分 MAP81

境内に咲く四季折々の花も美しい

長岳寺から徒歩10分

御陵餅本舗

ごりょうもちほんぽ

崇神天皇陵の向かいにある和菓子店。素朴な味わいの御陵焼餅や田舎おはぎ各162円が名物。

和菓子 ☎0743-66-3035 天理市柳本町1536 9:00～16:00(売切れ次第閉店) 休 水曜(祝日の場合は営業) Pなし JR柳本駅から徒歩7分 MAP81

（左）檜原神社から望む大和盆地。早春には桃の花が咲きピンク色に染まる（上）木々が茂る景行天皇陵

檜原神社 ひばらじんじゃ

天照大御神を祀る大神神社の摂社。本殿や拝殿はなく、大神神社と同様に三ツ鳥居を通して参拝。

神社 ☎0744-42-6633（大神神社） 桜井市三輪 ⏰8:45～16:30（冬期は～16:00） 休無休 ¥無料 Pあり JR三輪駅から徒歩30分 MAP81

注連柱（しめばしら）の先の境内は神聖な雰囲気

大神神社 おおみわじんじゃ

日本最古の神社。ご神体の三輪山には、拝殿奥の三ツ鳥居を通して参拝する。

神社 ☎0744-42-6633 桜井市三輪1422 ⏰境内自由 Pあり JR三輪駅から徒歩5分 MAP81

1664（寛文4）年に建てられた拝殿は重要文化財に指定されている

てのべ たかだや

発祥の地から素麺の新たな楽しみ方を提案。「つるり」「さらり」など好みで選べる多彩な素麺やオリジナルのつゆがそろうショップ＆カフェ。

三輪そうめん ☎0120-38-3876（9:00～17:00） 桜井市芝374-1 ⏰9:00～17:00、食事は11:00～16:00、飲物・甘味は10:00～16:30 休水曜 Pあり JR三輪駅から徒歩16分 MAP81

（左）カフェスペース「sumen」（右）麺・つゆ・トッピングが選べる素麺583円～、奈良の茶飯いなり363円

GOAL

桜井駅

JRと近鉄が停まるので行き先に合わせて利用して。

天理駅までは、奈良駅方面からはJR、西ノ京や飛鳥方面からは近鉄を利用するのがおすすめです。

myことりっぷ

居心地良い空間でゆったり 生駒のカフェでひと休み

古くから神や仙人が住むといわれてきた生駒山。
宝山寺の門前通りや周囲の住宅街、緑豊かな森の中に
少し足をのばしてでも訪れたい素敵なお店がありますよ。

1 自然菜食屋 ナイヤビンギ

しぜんさいしょくやナイヤビンギ

古い宿坊をリノベーション。もとの造りを活かす個室席で、自家栽培の無農薬野菜を活かした自然菜食メニューを味わって。

眺めの良い
テラス席も

旬野菜とソイミートの竜田揚げがメインの菜食小鉢のアイタルランチコース2450円。生駒山中腹から奈良市内を一望する眺めの良い個室も

2 MAHO-ROBA -forest- マホロバフォレスト

森の中にたたずむカフェで自家焙煎コーヒーやスイーツを味わう心地良い時間を。予約で旬野菜たっぷりのランチコースやお弁当も注文できる。

いちごとバラなど
季節素材で作る
シロップジュース600円

（左）自家製のチーズケーキ650円は濃厚ながらやさしい甘さと爽やかなチーズの風味が絶妙 （上）生駒の森に面した店内は夏になると壁を外してテラス席になる

3 山の石窯ピッツァ 雲亭 やまのいしがまピッツァくもてい

生駒山からの素晴らしい景色を眺めながら、焼きたてのピッツァが味わえると評判。旬の食材に、店主が旅先で出会った味を取り入れたここだけの味が楽しめる。

お好みのピッツァに、サラダ、前菜、ドリンクが付くPIZZA LUNCH3630円～

手づくりの石窯で焼くピッツァは香ばしくアツアツ

4 cafe hygge カフェヒュッゲ

トマトチーズとキャラメルくるみのマフィン1個350円～

選りすぐりの素材でていねいに作る焼き菓子や、香り高い有機コーヒーを用意。穏やかな時間が過ごせる一軒家カフェ。

焼菓子は持ち帰りも

薪ストーブや飾られた草花が印象的なあたたかみある雰囲気

1 自然菜食屋 ナイヤビンギ
しぜんさいしょくやナイヤビンギ

カフェ ☎0743-73-0805 住所 生駒市門前町12-9 営業時間 12:00～17:00（ランチは予約制） 休 火～木曜、不定休 P あり（門前町駐車場利用） 交通 生駒ケーブル宝山寺駅からすぐ MAP 82

2 MAHO-ROBA -forest-
マホロバフォレスト

カフェ ☎0743-87-9798 住所 生駒市小倉寺町569-5 営業時間 11:30～16:30（季節により変更あり、ランチコースは予約制） 休 不定休 P あり 交通 生駒ケーブル宝山寺駅から徒歩20分 MAP 82

3 山の石窯ピッツァ 雲亭
やまのいしがまピッツァくもてい

カフェ ☎070-8518-8269 住所 生駒市門前町2-10 営業時間 11:00～14:30（要予約） 休 月～水曜 P なし 交通 生駒ケーブル宝山寺駅から徒歩7分 MAP 82

4 cafe hygge
カフェヒュッゲ

カフェ ☎0743-25-4323 住所 生駒市西松ヶ丘7-1 営業時間 11:00～16:00 休 日・月曜、祝日 P あり 交通 近鉄生駒駅から徒歩15分 MAP 82

ここにも立ち寄り

生駒山の岩肌を背にお堂が連なる

宝山寺（生駒聖天） ほうざんじいこましょうでん

本堂隣の聖天堂には、現世の願いを全て叶えてくれるという大聖歓喜天が祀られ、生駒聖天の名で親しまれる。

寺院 ☎0743-73-2006 住所 生駒市門前町1-1 営業時間 境内自由（獅子閣は春と秋の特別公開期間と8月の日曜のみ拝観可） 料金 獅子閣500円 P あり 交通 生駒ケーブル宝山寺駅から徒歩10分 MAP 82

眼下に広がる絶景も楽しめる

生駒山上遊園地 いこまさんじょうゆうえんち

生駒山の山頂にあり約25種のアトラクションがある遊園地。大阪湾や神戸の街並みまで見渡せる。

遊園地 ☎0743-74-2173 住所 生駒市菜畑2312-1 営業時間 10:00～17:00（季節により変更あり） 料金 入園無料 P あり 交通 生駒ケーブル生駒山上駅からすぐ MAP 82 ※営業日時はHPを要確認。冬季休業あり

生駒にあるイコマ製菓本舗のレインボーラムネは、入手困難で幻のお菓子といわれています。奈良県内では販売するお店もあるそうです。

純真無垢な愛くるしい目をした
奈良に暮らす野生のシカさん。
ホントは、春日大社の主神
タケミカヅチノミコトがのってきた
うやうやしくも神様のお使い。
接し方さえ間違えなければ
心の友にもなれます。

飛鳥《あすか》

段々に重なる青い稲田、
昔ながらの風情ある木造家屋に
たわわに実をつけた柿の木。
どこか懐かしい里山風景の続く飛鳥は
サイクリングでまわりましょう。
ランチタイムには
古代の味を再現したお料理を。
のどかな雰囲気に
心和む一日が待っています。

飛鳥を さくっと紹介します

**今から約1400年前、推古天皇から11代もの間、宮殿が置かれた飛鳥。
空の青さを感じながら、流れる景色を眺める史跡めぐりを楽しみましょう。
移動はレンタサイクルや周遊バスが便利です。**

飛鳥駅で、旅の支度をととのえましょう

まずは総合案内所で情報集めを

飛鳥びとの館《あすかびとのやかた》

飛鳥駅の前にある総合案内所。無料の観光ガイドマップや観光名所の割引券が付いた「飛鳥王国パスポート」やみやげ物、特産品の販売も行なう。

☎0744-54-3240（飛鳥観光協会）住明日香村越6-3 時8:30～17:00 休無休 Pあり 近鉄飛鳥駅からすぐ MAP88 B-4

重たい荷物は 駅のコインロッカーへ

飛鳥駅を出てすぐ、左側にあります。大きさは4種類で、料金は300～700円です。

買い忘れがあれば 駅近のコンビニへ

飛鳥駅を出て最初の信号を右に曲がると、約200m先にコンビニが見えます。ここで飲みものや買い忘れを調達できます。

らくらく、すいすい、自転車旅

**飛鳥めぐりは風を感じながら田舎道を走るサイクリングがおすすめ。
細い道もらくらくすいすい、道端での小さな発見も楽しみです。**

●明日香レンタサイクル

近鉄飛鳥駅と亀石前など4か所に営業所があり、各営業所でレンタルができて、乗り捨ても可能。

☎0744-54-3919 住明日香村御園138-6 時9:00～17:00 休無休 ¥自転車平日900円、土・日曜、祝日1000円（いずれも1日料金、乗り捨て料金は200円別途）Pあり 近鉄飛鳥駅からすぐ MAP88 B-4

飛鳥をバスでめぐる

バスを利用するなら、明日香村内を周遊する「赤かめ」が便利。近鉄橿原神宮前駅東口から飛鳥駅間を運行。1時間に1～2便程度あり、乗り降り自由のお得な1日フリー乗車券は650円、2日フリー乗車券は1000円。近鉄橿原神宮前駅東改札口や飛鳥びとの館などで発売しています（バス車内では購入できません）。

飛鳥周遊バス「赤かめ」で目的地へ

バス停名（スポット名）	橿原神宮前駅東口から	飛鳥駅から
高松塚（高松塚古墳）	36分／430円	2分／190円
川原（亀石、川原寺跡、橘寺）	27分／330円	12分／230円
岡寺前（飛鳥藍染館、犬養万葉記念館）	24分／330円	19分／230円
石舞台（石舞台古墳）	21分／380円	16分／280円
万葉文化館西口（奈良県立万葉文化館）	15分／270円	22分／280円
飛鳥大仏（飛鳥寺）	14分／260円	23分／310円
橿原神宮前駅東口	ー	38分／460円

※一部の便は所要時間が異なる

奈良交通お客様サービスセンター☎0742-20-3100

飛鳥の旅の起点は橿原神宮前駅でも

電車の場合は、近鉄特急が停車する橿原神宮前駅を基点とするのも手です。そこからは、レンタサイクルかバスでめぐりましょう。

飛鳥からちょっと足をのばせば、町家が軒を連ねる今井町に着きます

古くからの町家が多く残り、重要伝統的建造物群保存地区に選定されている今井町。飛鳥駅からは、近鉄吉野線と橿原線を乗り継いで約15分、八木西口駅で下車。

趣ある町並みを歩けば、中世にタイムスリップしたよう

もうちょっと足をのばせば、江戸時代の面影が残る大宇陀へ

古くは阿騎野とよばれ、飛鳥時代は万葉歌人・柿本人麻呂も訪れたという大宇陀。飛鳥から車で約30分。または近鉄の榛原駅でバスに乗り換え大宇陀まで。全体で約1時間。

宇陀地区の商業の中心として栄え、今も城下町風情がただよう

歴史が刻まれた美しい町並み

P.102

今井町

いまいちょう

称念寺を中心に発展した寺内町《じないまち》。白壁と木の格子が美しい古くからの町家が密集している。

歴史ロマン古代の都

P.90

飛鳥

あすか

歴史に残る数々のドラマが繰り広げられた地。のどかな風景の中に古墳や史跡が点在する。

薬問屋が並んだ商家町

P.106

大宇陀

おおうだ

城下町として築かれた後、近隣の商業の中心として栄え、薬の町としても知られる。

数多くの史跡がある明日香村内には万葉歌碑も点在。歌碑めぐりも楽しめます。

大和八木駅
久米町
橿原神宮前駅
THE KASHIHARA
久米寺
久米寺子供広場
近鉄橿原線
久米河原東
丈六
ジップ
久米
天理教
畝傍中
畝傍南小
厩坂寺跡
石川町
大蔵神社
創価学会
和田町
和田廃寺跡
花園神社
和田町西
橿原和田
石川池(剣池)
菖蒲町1
大和銘木市場
本明寺
(石川精舎跡)
孝元天皇陵
菖蒲町(1)
和田池
見瀬
軽島豊明宮跡
菖蒲町(2)
橿原東口大和団地
白橿町(1)
軽寺跡
法輪寺
畝傍東小
日生五条野団地
特養ホーム
橿原園
八幡宮
見瀬局
称名寺
橿原菖蒲局
極楽橋
久米橋
まねき屋
軽池
菖蒲町(3)
菖蒲町3
大軽町
見瀬橋
阿弥陀寺
福栄寺
白橿町(2)
見瀬近隣公園
橿原市
妙法寺橋
見瀬町
植山古墳
丸山古墳
菖蒲町4
春日神社
住宅センター
南都
正楽寺
橿原団地
白橿局
高取川
白橿町(5)
岡寺駅
八咫烏神社
菖蒲町(4)
燈明田児童公園
岡寺駅
橿原東口団地
県立明日香庭園
南妙法寺町
橿原ニュータウン
二又池
白橿町(6)
五条野町
五条野町
菖蒲池古墳
菖蒲町4南
城山橋
明日香養護
近鉄吉野線
朱鳳台団地
ゆめ緑地公園
野口
白橿近隣公園
野口駐車場前
沼山古墳
石船下
益田岩船
白橿町(7)
聖徳中
白橿町(8)
白橿南児童公園
吉備姫王檜隈墓
欽明天皇陵
(梅山古墳)
天武・持統天皇陵
(野口王墓)
南白橿
白橿中
天武・持統陵
鬼の雪隠・
鬼の俎
P.93
猿石 P.93
野口
平田局
自転車1分
越塚御門古墳
特養ホーム
あすかの里
牽牛子塚古墳
国営飛鳥
歴史公園館
平田
鑵子塚古墳
越
岩屋山古墳
P.95
Matsuyama cafe
自転車で巡る際も、
広くて走りやすい
バスのルートをたどるのが
おすすめです。
飛鳥駅
飛鳥びとの館 P.86
称念寺
飛鳥駅
高松塚
飛鳥駅前
中尾山古墳
P.86 明日香レンタサイクル
真弓
見瀬池
カフェ&ペンション飛鳥
飛鳥歴史公園
高松塚周辺地区
高松塚
西蓮寺
高松塚古墳・壁画館 P.90
周遊バス「赤かめ」
吉野口駅
大淀

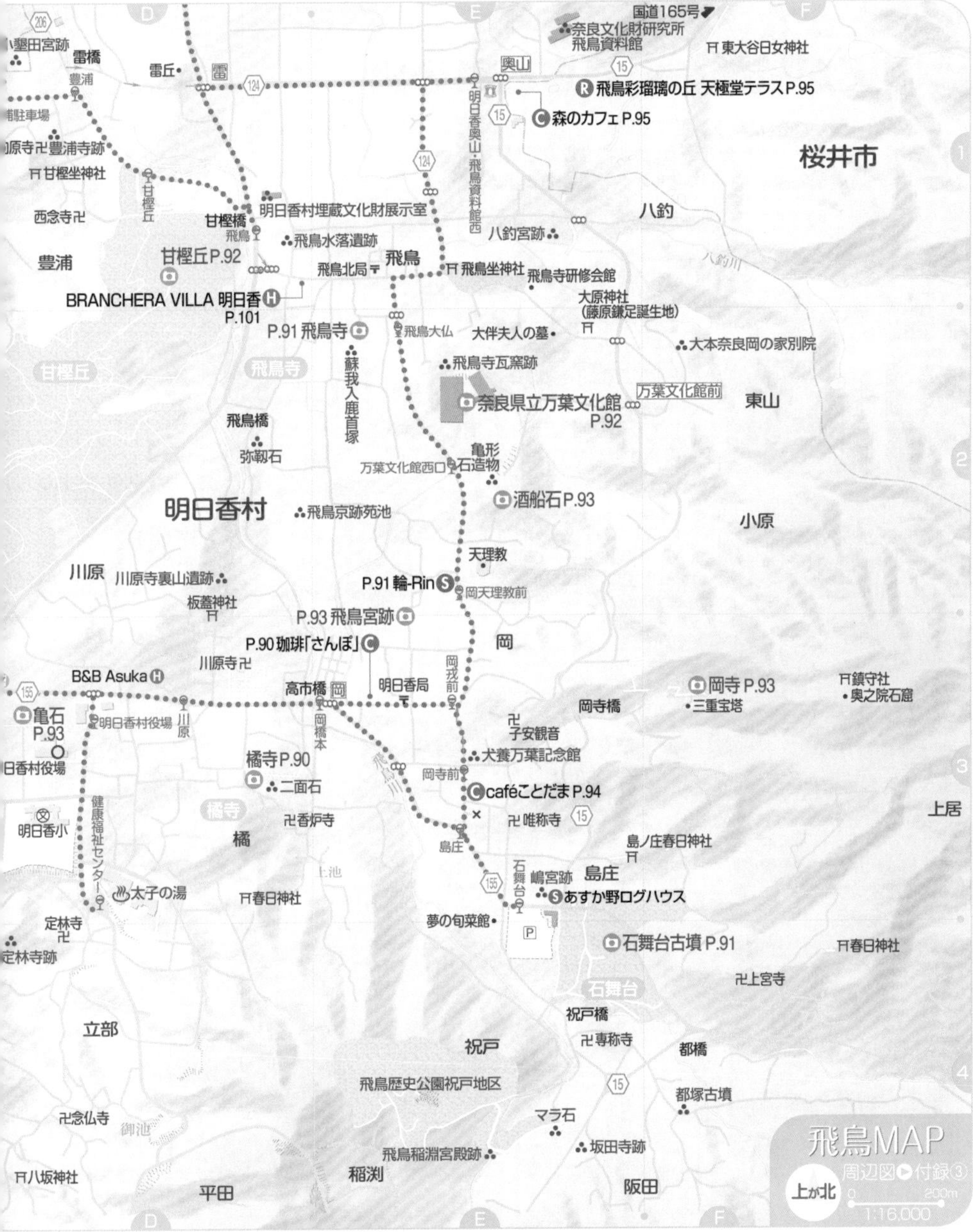
国道165号
奈良文化財研究所
飛鳥資料館
東大谷日女神社
奥山
飛鳥彩瑠璃の丘 天極堂テラス P.95
森のカフェ P.95
明日香奥山・飛鳥資料館西
桜井市
八釣
八釣宮跡
八釣川
小墾田宮跡
雷橋
雷丘
雷
豊浦
駐車場
原寺
豊浦寺跡
甘樫坐神社
甘樫丘
西念寺
甘樫橋
飛鳥
明日香村埋蔵文化財展示室
飛鳥水落遺跡
豊浦
甘樫丘 P.92
飛鳥北局
飛鳥
飛鳥坐神社
飛鳥寺研修会館
BRANCHERA VILLA 明日香
P.101
大原神社
(藤原鎌足誕生地)
P.91 飛鳥寺
飛鳥大仏
大伴夫人の墓
大本奈良岡の家別院
甘樫丘
飛鳥寺
蘇我入鹿首塚
飛鳥寺瓦窯跡
万葉文化館前
奈良県立万葉文化館
P.92
東山
飛鳥橋
弥勒石
亀形石造物
万葉文化館西口
酒船石 P.93
明日香村
飛鳥京跡苑池
小原
天理教
川原
川原寺裏山遺跡
P.91 輪-Rin
岡天理教前
板蓋神社
P.93 飛鳥宮跡
岡
P.90 珈琲「さんぽ」
川原寺
B&B Asuka
岡戎前
高市橋
岡
明日香局
岡寺 P.93
三重宝塔
鎮守社
奥之院石窟
岡寺橋
亀石
P.93
明日香村役場
川原
岡橋本
子安観音
日香村役場
犬養万葉記念館
橘寺 P.90
二面石
岡寺前
caféことだま P.94
飛鳥川
上居
明日香小
健康福祉センター
橘寺
香炉寺
唯称寺
橘
島庄
島ノ庄春日神社
上池
石舞台
嶋宮跡
島庄
太子の湯
春日神社
あすか野ログハウス
定林寺
定林寺跡
夢の旬菜館
石舞台古墳 P.91
春日神社
上宮寺
石舞台
祝戸橋
立部
専称寺
祝戸
都橋
飛鳥歴史公園祝戸地区
都塚古墳
念仏寺
御池
マラ石
坂田寺跡
飛鳥稲渕宮殿跡
八坂神社
稲渕
平田
阪田
飛鳥MAP
周辺図▶付録③
上が北
0 200m
1:16,000

のどかな風景に誘われて 晴天が気持ちいい自転車の旅

**飛鳥駅に降りたら、自転車を借りて出発。
古墳やお寺などから歴史にふれ、自然にもふれる時間。
日本の原風景のなかで、古代ロマンへと旅立ちます。**

START

飛鳥駅 あすかえき

近鉄奈良駅から約1時間。駅前には、観光案内所やレンタサイクルの営業所がある。

1 高松塚古墳・壁画館 たかまつづかこふんへきがかん

彩色壁画を壁画館で鑑賞

色鮮やかな壁画で知られる高松塚古墳は小さな二段式の円墳。内部は見学できないが、隣接する高松塚壁画館で、石室の原寸模型や副葬品のレプリカを見ることができる。

古墳 ☎0744-54-3340 住明日香村平田439 時9:00～16:30 休2・4・7・11月の第2月曜(祝日の場合は翌平日) ¥壁画館300円 Pなし 交近鉄飛鳥駅から徒歩15分 MAP88 C-4

1972(昭和47)年に発見された壁画のレプリカも展示

高松塚古墳の墳丘は建造時の形状に復元されている

両面に善と悪の顔があり人間の二面性を示すといわれる二面石

2 橘寺 たちばなでら

聖徳太子ゆかりの寺院

聖徳太子生誕の地といわれており、本堂には35歳のお姿の聖徳太子像が安置されている。現在の建物は江戸時代に再建。境内には善悪2つの顔を持つ二面石などがある。

寺院 ☎0744-54-2026 住明日香村橘532 時9:00～16:30 休無休 ¥400円 Pあり 交バス停川原からすぐ MAP89 D-3

本堂は1864年(元治元)年に再建

3 珈琲「さんぽ」 こーひーさんぽ

自家焙煎コーヒーでひと休み

築80年の民家を改装した喫茶店。上質な自家焙煎の豆で淹れるコーヒーや自家製スイーツ、数量限定のランチが味わえる。人気の海南鶏飯と鶏のカレーライスは予約がおすすめ。

喫茶店 ☎0744-41-6115 住明日香村岡55-4 時11:00～16:00 休木・金曜(祝日は営業) Pあり 交バス停岡橋本からすぐ MAP89 E-3

海南鶏飯1480円。スープと杏仁豆腐、豆を選べるコーヒー付き

自家焙煎の豆を使い1杯ずつハンドドリップで淹れるコーヒー490円～

天気がいい日はテラス席もおすすめ

ぐるっと回って

5時間

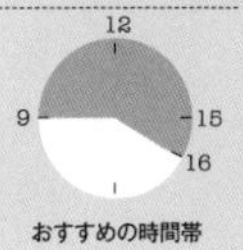

おすすめの時間帯

飛鳥駅までは、近鉄奈良駅から電車で約1時間。平坦な地形の中に見どころが点在していている飛鳥は、自転車でめぐるのがおすすめです。まずは駅前のレンタサイクルへ。

蘇《そ》我《がの》入《いる》鹿《か》の首塚？

飛鳥寺の西側には、鎌倉時代に建てられたといわれる五輪塔があり、中大兄皇子らに討ち取られた蘇我入鹿の首塚と伝えられています。

4 石舞台古墳 いしぶたいこふん

蘇我馬子の墓といわれる古墳

幅約3.5m、高さ4.7mの日本最大級の石室をもつ方墳。石舞台の名は、平らな天井石を舞台にしていたという説に由来。棺のあった玄室に入ることができる。

古墳 ☎0744-54-3240（飛鳥観光協会） 明日香村島庄133 9:00～16:45（閉場は17:00） 休無休 ¥300円 Pあり バス停石舞台からすぐ MAP 89 E-4

被葬者は不明だが蘇我入鹿の祖父である馬子の墓という説が有力

5 輪-Rin りん

飛鳥ならではの雑貨をおみやげに

日本伝統の生活雑貨、作り手の温もりを感じる作家もの器や布小物など、店主がセレクトするアイテムが並ぶ。飛鳥限定のオリジナルグッズも扱う。

雑貨店 ☎0744-56-1180 明日香村岡385-4 10:00～16:00 休月・火曜（祝日は営業） Pあり バス停岡天理教前からすぐ MAP 89 E-2

地元作家によるガラスや陶器、木工品、アクセサリーなどの作品も並ぶ

6 飛鳥寺 あすかでら

日本最古の仏像を祀る寺

蘇我馬子が596（推古4）年に建立した日本初の本格寺院。百済の僧や寺工の協力を得て壮大な伽藍が造営された。現在は、中金堂跡に江戸時代再建の本堂が残る。推古天皇の命により造られた本尊の釈迦如来像は、日本最古の仏像とされる。

寺院 ☎0744-54-2126 明日香村飛鳥682 9:00～17:15（10～3月は～16:45） 休無休（4月7～9日は花会式のため休み） ¥350円 Pあり バス停飛鳥大仏からすぐ MAP 89 E-2

本堂は江戸時代に再建されたが、本尊が安置されている位置は造営時のまま

本尊の釈迦如来坐像は飛鳥大仏と呼ばれ親しまれている

飛鳥寺の本尊である飛鳥大仏。向かって左からはやさしいお顔、右からは厳しい表情が見てとれます。

歴史に思いをはせながら 飛鳥路のみどころをめぐりましょう

**歴史ロマンあふれる古代の都・飛鳥。
数々の史跡や謎めいた石造物などを見て回り
当時の人々の暮らしを想像してみませんか。**

北西には畝傍山を望み、天気が良ければ二上山も見える

景色を楽しみながら木陰でひと休み

ふもとには蘇我蝦夷、入鹿親子の屋敷があったといわれている

明日香村を見わたせる小高い丘

甘樫丘 あまかしのおか

のどかな村の風景や大和三山が一望できる、標高150mほどの丘陵。北側の展望台は憩いの場として多くの人が訪れる。万葉集に登場する植物が植えられた遊歩道を散策するのもおすすめ。

丘陵 ♪0744-54-2441（国営飛鳥歴史公園飛鳥管理センター） ⌂明日香村豊浦 ◷見学自由 Ⓟあり !!バス停甘樫丘からすぐ MAP 89 D-1

ロマンあふれる万葉の世界

奈良県立万葉文化館

ならけんりつまんようぶんかかん

『万葉集』をはじめとする古代文化をテーマにした博物館。映像やジオラマで当時の人々の生活をかいま見たあとは、万葉歌をモチーフにした歌劇や展覧会も楽しめる。

文化館 ♪0744-54-1850 ⌂明日香村飛鳥10 ◷10:00～17:00 休月曜（祝日の場合は翌日休、展示替期間休） ¥入館無料、展覧会は有料 Ⓟあり !!バス停万葉文化館西口からすぐ MAP 89 E-2

1

ミュージアムショップではオリジナルトート1000円や万葉歌留多2940円などオリジナルグッズの販売も行なう

2

3

1万葉劇場では人形や映像を使った創作歌劇などが楽しめる 2万葉の花々が咲きほこる園庭 3日本画を中心に展覧会を開催する日本画展示室

おいしい明日香村を知る店

近鉄飛鳥駅の目の前にある「あすか夢販売所」は、地元の新鮮な野菜や加工品などを販売。濃厚なイチゴ味のあすかルビーソフトクリームも販売しています。

大化の改新の舞台となった宮跡

飛鳥宮跡 あすかきゅうせき

大化の改新の引き金となる、蘇我入鹿暗殺の舞台となった飛鳥板蓋宮跡など、いくつかの宮殿遺構が重なる。現在復元されている遺構は飛鳥浄御原宮のもの。

史跡 ♪0742-27-9866（奈良県文化財保存課）
⌂明日香村岡 ◷見学自由 Ⓟなし バス停岡天理教前から徒歩5分
MAP 89 E-3

井戸など遺構を復元。石を敷き詰め整備した史跡公園

日本最大の塑像に厄除けを願って

岡寺 おかでら

天智天皇の勅願で義淵僧正が建立。日本、中国、インドの土を用いて作ったとされる4.85mの如意輪観音坐像を本尊に祀る。境内には、龍を封じたという池がある。

寺院 ♪0744-54-2007
⌂明日香村岡806
◷8:30～17:00（12～2月は～16:30）休無休
¥400円 Ⓟあり バス停岡寺前から徒歩10分
MAP 89 F-3

仁王門と書院は重要文化財。花の名所としても有名

不思議な石も探してみて

誰が？いつ？何のために？ユニークな石造物があちらこちらに。
明日香村教育委員会文化財課 ♪0744-54-5600

吉備姫王墓の柵内に4体ある。顔が猿に似ているので猿石と呼ばれてきた

笑みを浮かべる顔が印象的

猿石 さるいし

Ⓟなし 近鉄飛鳥駅から徒歩10分
MAP 88 B-3

幾何学模様が彫られた石板

酒船石 さかふねいし

Ⓟなし バス停万葉文化館西口からすぐ MAP 89 E-2

宮殿の庭に水を流すため、または酒や油を搾るためなどの諸説がある

鬼の雪隠 おにのせっちん

鬼の俎 おにのまないた

鬼が使用した日用品？

Ⓟなし
近鉄飛鳥駅から徒歩15分
MAP 88 C-3

大きな俎石と箱状の石造物。鬼が人を俎石で料理したという怖い伝説が残る

愛らしい表情は飛鳥一

亀石 かめいし

Ⓟなし バス停野口からすぐ
MAP 89 D-3

亀がうずくまり、笑っているように見える。この亀が西を向けば大洪水になるという

飛鳥川の畔には、「弥勒石《みろくいし》」と呼ばれる高さ2mもある石仏が祀られ、拝むと下半身の病気が治ると言われています。

飛鳥の味を楽しむ
ヘルシー＆おいしい時間

黒米をはじめとする古代米や、採れたて野菜を使うランチ、
ていねいに作られた手作りスイーツなど
飛鳥ならではのおいしいものでひと休みしましょう。

1

1鶏肉、キッシュなどメイン3品に豆腐料理やミニデザートも付く、ことだまランチ1650円 2風格ある店構え 3モダンダイニング、昭和レトロなど席ごとに異なるイメージで仕上げている 4店主セレクトの販売スペースにも注目を

作家もののアクセサリーなど雑貨の販売も

2

造り酒屋時代のレトロな看板が残る

3

地元の果物やお茶を使う、くるんドーナツ

4

大商人の邸宅で明日香野菜のヘルシーランチ

caféことだま カフェことだま

野の花をモチーフにした欄間や和箪笥がある江戸建物群の酒蔵を店主自らリノベーション。地元米や野菜を使うランチは予約がおすすめ。テイクアウトできるスイーツや店主セレクトの雑貨や洋服も販売する。

☎0744-54-4010
住 明日香村岡1223
時 10:00～16:30（土・日曜、祝日は～17:00）
休 火曜、第3水曜（祝日の場合は営業）
P あり
交 バス停岡寺前からすぐ
MAP 89 E-3

鶏肉は高級料理でした

飛鳥鍋に欠かせない食材・鶏肉。鶏肉料理を広めたのは、推古天皇の御代に帰化した唐人で、貴族や豪族に大変好まれたといわれています。

吉野本葛の多彩なメニューを

飛鳥彩瑠璃の丘 天極堂テラス

あすかさいるりのおかてんぎょくどうテラス

創業140年を超える吉野本葛の専門店。2階のカフェスペースでは、のどかな景色を眺めながら吉野本葛を使う料理やスイーツが楽しめる。1階にはショップも併設するので、おみやげ選びに立ち寄ってみるのもおすすめ。

0744-46-5566
桜井市山田692 10:00～17:00
休 月曜（祝日の場合は翌日休）
P あり バス停明日香奥山・飛鳥資料館西からすぐ MAP 89 E-1

1 2階のカフェスペース 2 くずの子デコ935円。吉野本葛100%の生地を使うくずの子ロールに葛きりアイスをトッピング。ドリンク付き 3 吉野うどんセット1815円

大地の恵みを感じる空間へ

森のカフェ もりのカフェ

奈良県産野菜たっぷりのランチや、米粉のスイーツなどが人気のベジタリアンカフェ。常時30種以上あるオリジナルのブレンドハーブティーとともに、心と体に優しい時間を。

0744-42-5566
桜井市山田800-1 11:00～16:00（土・日曜、祝日は～16:30） 休 不定休 P あり
バス停明日香奥山・飛鳥資料館西からすぐ MAP 89 E-1

1 スパイスと野菜だけで煮込んで作る、大豆カツの野菜カレー1540円 2 ブレンドハーブティー715円～ 3 店全体で奈良県産の木材を使用

手づくりの空間でゆったりランチ

Matsuyama cafe マツヤマカフェ

築80年の木造倉庫をセルフリノベーションしたカフェ。ランチプレートは旬の野菜のグリルやポタージュなど、明日香村の食材のおいしさをシンプルに楽しめる。

0744-35-1003
明日香村越2-1-1 11:00～16:30（土・日曜、祝日は～17:30）
休 水曜、第2・3火曜 P あり
近鉄飛鳥駅からすぐ
MAP 88 B-4

1 木に包まれたモダンな空間 2 季節のマフィン450円や、季節の果物を使ったケーキ580円も人気 3 スープとドリンクが付くランチプレート1580円

明日香村は、いちごの「あすかルビー」など特産物が豊富。食材にこだわるお店が多く、明日香の旬を味わえます。

明日香村の自然を楽しみながら
キトラ古墳について知りましょう

古代ロマンを感じる飛鳥京の遺跡が残る明日香村は、
高松塚古墳に次ぐ、日本で２例目の壁画古墳・キトラ古墳の調査が進んでいます。
日本の礎に触れながら日本の原風景が残るエリアの自然に親しみましょう。

国営飛鳥歴史公園は、周辺の自然環境や田園とともにキトラ古墳を守りながら整備されている

四神とは？

東西南北の四方を守る神のことで、方位の四神とも。古代中国で誕生したという。

写真提供：
国営飛鳥歴史公園

青龍

四神獣の中でも、最も貴い存在と考えられ、金運・出世・成功・勝利などにご利益があるとされる東を守る龍。

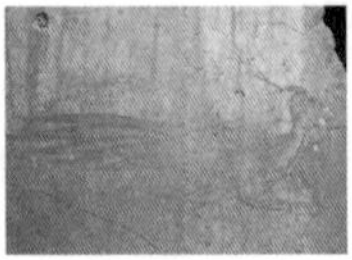

朱雀

火を操る美しい鳥、不死鳥として知られ、逆境に打ち勝つ力と幸運を与えるという。南を守る神獣といわれる。

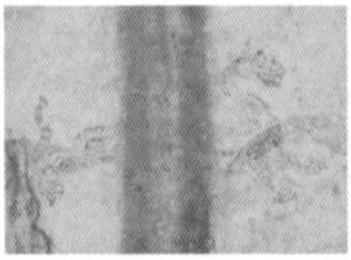

白虎

西を守る神獣。キトラ古墳の白虎は北向きなのが特徴。睨みを利かせて邪気を遠ざけ、幸せを呼び込むという。

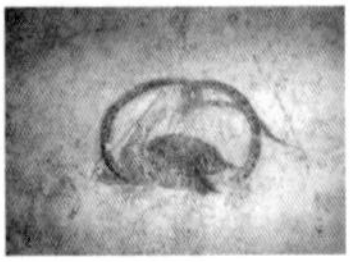

玄武

硬い甲羅を持つ亀にまとわりついた蛇の姿。力強く運を切り拓いて繁栄するといわれ、北を守る霊獣。

四神などの壁画が発見されたキトラ古墳がある地区

国営飛鳥歴史公園 キトラ古墳周辺地区

こくえいあすかれきしこうえんきとらこふんしゅうへんちく

開放的で広大な敷地には、壁画について学べるキトラ古墳壁画体験館四神の館をはじめ、農体験の拠点となる農体験小屋や、古代ガラス製作体験が楽しめる体験工房などがある。地区の中心となるキトラ古墳は、2段に造られた円墳。2015年に古代の大きさに復元され、古墳観賞広場ではその姿を一望することができる。

キトラ古墳は通常は外からのみの見学

☎0744-54-2441（飛鳥管理センター） 住明日香村阿部山 時公園内自由散策、施設により異なる Pあり 交近鉄壺阪駅から徒歩12分 MAP付録③

あさがお塚と呼ばれる牽牛子塚古墳

約5年間の整備を経て、全国で5基しかないという古代天皇家墳墓の象徴である八角形の墳丘が復元し2022年から一般公開されています。MAP 付録③

❶本館の地階が展示室。1階には文化庁キトラ古墳壁画保存管理施設がある ❷キトラ古墳の石室内には、四神、十二支、天文図、日月の壁画がある。キトラ古墳壁画の公開は期間限定で事前申込制（公式HP参照）

古墳について分かる体験型施設

キトラ古墳壁画体験館 四神の館

キトラこふんへきがたいけんかんしじんのやかた

キトラ古墳や壁画を紹介する施設。実物大石室や壁画の精巧なレプリカ、4面マルチビジョンによる壁画の映像などで学べる。また飛鳥時代の生活を知るジオラマ、シアターなどの解説も。

売店もあり四神を描いたトートバッグ各1500円などを販売

☎0744-54-5105 ⌂明日香村阿部山67国営飛鳥歴史公園キトラ古墳周辺地区内 🕒9:30～17:00（12～2月は9:30～16:30） 休4・7・11・2月の第2月曜（祝日の場合は翌日）、年末年始 ¥無料 Pあり 🚶近鉄壺阪駅から徒歩12分 MAP 付録③

四神の館でしか買えない本物の壁画画像を使うキトラ古墳天文図星宿早見箱800円

フォトジェニックな明日香村の自然

明日香村南東にある稲渕の棚田を中心とする地域は「奥飛鳥の文化的景観」として、県内初の重要文化的景観に選ばれています。四季折々訪ねて撮影をするのもおすすめです。

桜咲く春の稲渕
棚田百選のひとつ稲渕地区の棚田

夕焼けの棚田
細川地区の棚田は水田に映り込む夕陽が美しい

彼岸花が咲く秋
明日香村のいたるところで自然に咲き誇る

雪景色の風景
冬になると、白銀の世界になることも

緑深き夏の風景
4つの地区にある棚田が青々と美しい

牽牛子塚古墳（けんごしづかこふん）は、飛鳥時代、史上初めて2度天皇となった皇極・斉明女帝の墓といわれています。

訪れると心がととのう
橿原神宮へ行きましょう

**第一代天皇を祀る橿原神宮は、畝傍山東南麓に創建された静かな場所。
広大な境内をゆっくりおまいりすると、誰もが気持ちが落ち着くといいます。
おいしいものも味わってお買い物もする楽しいひとときを過ごしましょう。**

1 2 紀元2600年を奉祝して1939年に建造された外拝殿と内拝殿。左右の廻廊には、燈籠が飾られる 3 宝物館の内観。明治天皇の御太刀をはじめ、明治天皇の皇后・昭憲皇太后御奉納の御鏡である「白銀八角鏡」を展示 4 ヒノキの地肌や風合いをそのまま活かした素木造りの鳥居 5 橿原神宮創建以前から祀られる長山稲荷社

建国の聖地で日本のはじまりを感じる

橿原神宮

かしはらじんぐう

『日本書紀』において第一代天皇と伝えられる神武天皇を祀るため、その宮址があったとされる橿原の地に建てられた神社。天皇即位の道のりや長命から、開運招福や健康延寿などのご利益があると伝えられている。本殿と文華殿は国の重要文化財に指定されている。

神武天皇にゆかりが深い金鵄と鮎のおみくじ各500円

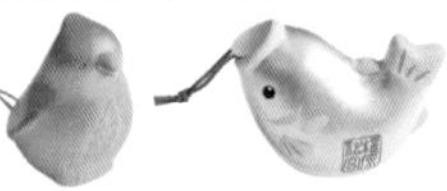

根付など授与品もいろいろ

🕽0744-22-3271 橿原市久米町934 日の出～日没（季節や祭典により変更あり）宝物館10:00～15:00、土・日曜、祝日9:00～16:00 休 無休、宝物館は臨時休館あり ¥ 境内自由、宝物館300円（2024年5月12日までは特別展開催につき700円） P あり 近鉄橿原神宮前駅から徒歩13分 MAP 付録③

橿原神宮の大きな絵馬

毎年外拝殿に掛けられている絵馬は、高さ4.5メートル、幅5.4メートルで畳14枚分はある大きさ。来年の干支を描き、11月末に掛けかえられます。

おいしいものも楽しみましょう

橿原神宮の杜を眺めながら

Cafe 橿乃杜

カフェかしのもり

橿原神宮の境内にあるカフェは、地元の方々に惜しまれつつ閉店した旧橿原観光ホテルのシェフたちが腕を振るう。スイーツだけでなく、軽食も豊富なので参拝後のランチにもぴったり。

プリンアラモード700円

1・2階あわせて約100席

秋から春限定の抹茶パフェ900円

☎080-2482-1171 ⌂橿原市久米町934 ⏲10:30～17:00（フードは～15:00、デザート・ドリンクは～16:30）
休 火曜（祝日の場合は営業）
P あり（橿原神宮駐車場の無料サービス券発行あり）
近鉄橿原神宮前駅から徒歩6分 MAP 付録③

アート作品に囲まれた温かな空間

ギャラリーカフェ narairo

ギャラリーカフェナライロ

奈良在住アーティストを中心に絵画や写真を展示。ギャラリーを併設したカフェは、甘辛く煮込んだひき肉をごはんに混ぜ合るならいろライスなど食事メニューに、季節限定スイーツもそろう。

スープ付きのならいろライス900円

THEぷりん 430円

店内には所狭しと作品が飾られる

☎0744-35-3882
⌂橿原市久米町889-1
⏲9:00～16:00
休 水・日曜（展示がある日曜はギャラリースペースのみ営業） P あり 近鉄橿原神宮前駅からすぐ MAP 付録③

ひと足のばして雑貨も買えるカフェへ

約100種類揃うリトアニアのリネンは年に3度ほど仕入れる

店内は古民家がもつ優しい雰囲気に包まれている

リトアニアのリネンのハンカチ、ラトビアのバターナイフはりんごの木を使用

ラトビアセット1155円。ポテトパンケーキとボルシチがつく

週末に一期一会の雑貨と出会う

sunday treat サンディトリート

ラトビアのマーケットとの出会いで、バルト三国の雑貨やリネンの魅力を知った店主が営むソーイングカフェ。店内に並ぶ雑貨は、職人たちがつくる一点ものばかり。バルト三国のソウルフード・ポテトパンケーキとボルシチのラトビアセットがおすすめ。

☎0744-47-2226 ⌂橿原市鳥屋町7-11 ⏲11:00～17:00（カフェは～16:30） 休 月～木曜
P あり 近鉄橿原神宮前駅から徒歩15分 MAP 付録③

Cafe 橿乃杜では夏はかき氷やそうめん、冬はぜんざいやパフェなど季節限定スイーツも提供しています。

肩の力を抜いてくつろげる
新しいお泊りスタイルはこちらです

歴史的価値のある古き良き建物を活かしたホテル。
橿原や明日香村のあたりにはそんな宿があります。
さまざまなストーリーを知るとその場所に愛着が湧いてきますよ。

1懐かしい雰囲気の空間では、庭を眺めながら本を読んで過ごす時間を 2和室を上手く活かした客室 3万年筆とのゆかりを知るオブジェ

歴史と非日常を暮らすように味わう

RITA御所まち GOSE SENTO HOTEL ‖御所市‖ リタごせまちゴセセントウホテル

万年筆を使って
チェックイン

江戸時代から残る町並みと、昭和レトロな空気感が注目の御所まちに「泊・食・湯」分離型施設が誕生。かつて万年筆工房だった古民家を改装した宿では、専用ラウンジで庭園を眺めながらゆったり過ごせる。宿泊者が滞在中何度でも楽しめる銭湯や、地元食材を生かすレストランなど、散策しながら御所の魅力を満喫して。

☎0745-49-0823
住 御所市西町1069
時 IN15:00 ～ 18:00 OUT11:00
室 洋4室 P あり 交 JR御所駅から徒歩5分 MAP 付録③

料金プラン

【朝食付ベーシックプラン】
万年筆に触れる嗜みの時間・銭湯・サウナ入り放題
1泊朝食付19300円～

まずはこちらで
チェックイン

宿泊客はサウナもある御所宝湯が入り放題に

洋食屋ケムリで夕食や朝食を味わう時間を

御所まち散策の合間にひと休み

RITA御所まちの「洋食屋ケムリ」では、ランチとカフェ営業もスタート。レトロなナポリタンやプリン、焼き菓子などが味わえます。
☎050-3196-4077

歴史と伝統を熟成した醤油蔵に泊まる

NIPPONIA 田原本 マルト醤油

‖田原本町‖ニッポニアたわらもとマルトしょうゆ

1景色が素敵なスイートルーム 2元醤油蔵を体感する客室 3日本庭園を望みお茶が飲める空間も

奈良県最古の醤油蔵元が守り継いできた蔵をリニューアル。伝統建築様式「大和棟」を生かした趣ある空間で、往時の活気に思いを馳せて。食事は地元食材を使った醤油料理が味わえる。

☎0744-32-2064
住 田原本町伊与戸170
時 IN15:00～18:00 OUT10:00
室 洋7
P あり
交 近鉄田原本駅から車で10分
MAP 付録③

料金プラン

【ベーシックプラン】
1泊朝食付きで醤油蔵で上質な蔵人体験を
1泊2食付36100円～
(2名1室利用時、1名料金)

絞りたて天然醸造醤油、もろみ・もろみ塩を使い、地域食材による季節に応じた和モダンコース料理を提供

明日香村初の登録有形文化財の宿

BRANCHERA VILLA 明日香

‖明日香村‖ブランシエラヴィラあすか

飛鳥坐神社の参道にたたずむ宿。築百五十余年の建物をリノベーションした客室には四季の移ろいを感じる専用庭や掘座卓の広々とした和室があり、くつろぎの時間を過ごせる。

☎06-6203-2565 住 明日香村大字飛鳥660 時 IN15:00～18:00 OUT11:00 室 和洋2
P あり 交 近鉄橿原神宮前駅から車で7分 MAP 89 D-1

料金プラン

1泊朝食付48700円～
1泊夕食付57200円～
(2名1室利用時)

夕食は地元の名店「めんどや」から明日香村の名物のひとつ飛鳥鍋をオーダーできる

1茜の間の客室は土間もあり広々した空間 2山吹の間の洗面台はレトロなタイルがかわいい 3各客室に専用庭があり緑がホッとさせる 4大きな信楽焼の湯舟でゆったりお風呂に入れる

GOSE SENTO HOTELでは万年筆工房の歴史にならい、客室に万年室と便箋があるので手紙をしたためるのもおすすめです。

ひとあしのばして 風情ある今井町をおさんぽ

戦国時代に開かれ、自治都市として栄えた今井町。古き良き日本の風情を感じさせてくれる町並みは重要伝統的建造物群保存地区に選定されています。

ぐるっと回って

5時間

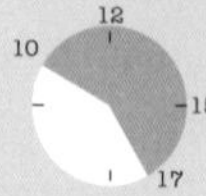

おすすめの時間帯

八木西口駅から南の大きな通りに出て西へ。飛鳥川を渡ると、白壁の町家が並ぶ通りが見えてきます。点在する古民家カフェでのひと休みがおすすめ。

今井町へは

近鉄八木西口駅下車が便利。古い町並みへは、歩いて10分ほどです。

飛鳥から／近鉄飛鳥駅から吉野線・橿原線（橿原神宮前駅乗り換え）で20分、260円、八木西口駅下車。
奈良から／近鉄奈良駅から奈良線・橿原線（大和西大寺駅乗り換え）で40分、530円、八木西口駅下車。

細い格子窓と漆喰の白壁の趣ある町家が軒を連ねる

1 今井まちなみ交流センター「華甍」

いまいまちなみこうりゅうセンターはないらか

今井町の歴史が学べる施設

室町時代後期に称念寺を中心とした寺内町として生まれ、商業都市として栄えた今井町の歴史や町並みについて紹介する資料館。町あるきの前に立ち寄って情報収集を。

資料館 ☎0744-24-8719 橿原市今井町2-3-5 9:00～16:30 休無休 ¥無料 Pあり 近鉄八木西口駅から徒歩5分 MAP103

1903（明治36）年に教育博物館として建築された建物は、和洋折衷の明治建築を間近に感じられる

2 六斎堂

ろくさいどう

無添加手作りのカステラ

カステラはプレーン1本1000円、箱入り1100円

上質な素材をふんだんに使い焼き上げるカステラ店。地卵と蜜が生み出すしっとりと素朴な味わいの生地にザラメの食感が絶妙なカステラは、プレーンのほか抹茶味などもそろう。

カステラ ☎0744-22-0806 橿原市今井町2-10-29 10:00～17:00 休日～火曜 Pなし 近鉄八木西口駅から徒歩10分 MAP103

1 1650（慶安3）年再建。大棟の両端に段違いの小棟を設けるなど独特の造りに注目して 2 西側に堀を備えた屋敷は随所に武家の城郭の要素がうかがえる

3 今西家

いまにしけ

今井町で最も古い屋敷

古代豪族・十市県主《とおちのあがたぬし》一族として今井町の自治権を委ねられた惣年寄筆頭の壮大な屋敷。破風をいくつも重ねた八ツ棟造りの重厚な構えが印象的。裁きを下していたお白州もある。

文化財 ☎0744-25-3388（十市県主今西家保存会） 橿原市今井町3-9-25 10:00～12:00、13:00～16:30（要予約） 休月曜（祝日の場合は翌日休） ¥500円 Pなし 近鉄八木西口駅から徒歩10分 MAP103

河合家で買える縁起が良い日本酒「出世男」

江戸時代の町並が残る今井町で現存する唯一の酒蔵「河合酒造」。代表銘柄「出世男」は縁起の良い名前として知られ、奈良漬なども買うことができます。

1漆喰の白く輝く壁と、年月を経てきた木材の対比が美しい 2裏庭には蔵前座敷つきの土蔵も

4 旧米谷家《きゅうこめたにけ》

金物商・肥料商を営んでいた商家

代々金物商・肥料商を営んでいた「米忠」という商家。切妻造り本瓦葺きの主屋が目を引く。土間に残るかまどやその上を壁土で覆う煙返しに、町家で暮らす人々の日常をかいま見ることができる。

文化財 ☎0744-23-8297 住所 橿原市今井町1-10-11
時間 9:00〜12:00、13:00〜17:00 休 無休 ¥ 無料 P なし
徒歩 近鉄八木西口駅から徒歩8分 MAP 103

1江戸中期に建てられた2階建ての建築。丸窓を開けた白漆喰塗籠（しろしっくいぬりごめ）で、豪商の片鱗がうかがえる 2軒先に吊るされた杉玉は造り酒屋の証

5 河合家《かわいけ》

280年の歴史をもつ酒蔵

白漆喰で塗り込めた丸窓を2階に配したデザインが印象的な町家。「上品寺屋」の屋号で今も営業を続ける造り酒屋で、伝統を守りていねいに仕込む少量生産の日本酒が購入できる。

文化財・酒蔵 ☎0744-22-2154 住所 橿原市今井町1-7-8
時間 9:00〜16:00 休 不定休
¥ 無料 P あり
徒歩 近鉄八木西口駅から徒歩5分 MAP 103

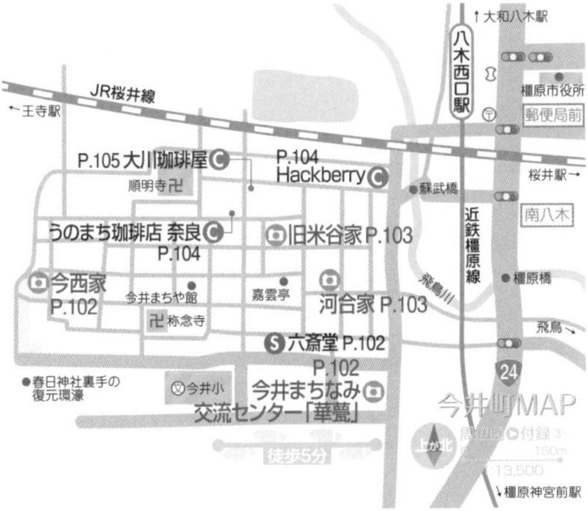

ここにも立ち寄り

おふさ観音《おふさかんのん》

バラと風鈴の寺

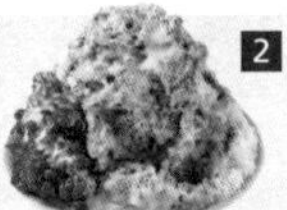

1春と秋に「バラまつり」を開催。約3800種類ものバラが見られるほか、寺宝の特別公開などのイベントも 2境内の「茶房おふさ」では甘味や軽食が味わえる

「おふさ観音」という通称で知られる高野山真言宗別格本山観音寺。約4000株の色とりどりのバラが境内に咲き誇る「バラまつり」や、夏に行われる「風鈴まつり」が有名。

寺院 ☎0744-22-2212 住所 橿原市小房町6-22
時間 7:00〜16:30 ¥ 無料 P あり
徒歩 近鉄大和八木駅から徒歩20分 MAP 付録③

今井町には江戸時代の町家を生かした宿泊施設「嘉雲亭」もあります。宿泊のみが基本のお宿です。

やさしい時間が流れる
今井町のカフェでゆったり

昔ながらの建物を生かした古民家カフェが点在する今井町。
この土地を愛する人たちが営む店は、あたたかい雰囲気に包まれています。
散歩の合間に立ち寄りたいカフェを紹介します。

アートなスイーツが人気のカフェ
うのまち珈琲店 奈良
うのまちこーひーてんなら

食とデザインの組み合わせを提案する店主が手がけるブックカフェ。かわいらしいパフェやクリームソーダなど、思わず写真に残したくなるスイーツが味わえる。店内には約1500冊ものセレクト本が並び、自由に読むことができる。

☎0744-41-6645 ⌂橿原市今井町4-3-6 ◷12:00～17:00
休不定休 Pなし 👣近鉄八木西口駅から徒歩8分 MAP103

1トマトとピーマンが花のようにあしらわれたトマトチーズトースト450円 2しおりにSNSのアカウントを書いて挟んでおくと、同じ本を手に取った誰かと繋がれるかも 3ナチュラルな雰囲気のカフェスペースでくつろげる 4クレームブリュレの季節のパフェのドリンクセット1100円+ドリンク価格。フルーツは季節ごとに変わる

うのまち珈琲店の名物

珈琲など定番メニューを極めるカフェながら名物は2種。クレームブリュレパフェにもう一つ、まんまるいアイスをのせたクリームソーダも人気です。

1今井町で行われた映画撮影の際のケータリングがきっかけで生まれたシネマティックランチプレート1730円 2築150年余の古民家を改装

トッピングの種類も豊富なドイツ風パンケーキのダッチベイビー 930円〜

夜も営業の一軒家カフェレストラン

Hackberry

ハックベリー

古民家カフェが点在する今井町での先駆的な店。ボリュームある食事から、奈良素材を使う洋菓子などのデザートまで、気分に合わせてオーダーできる。

☎0744-29-0080 住橿原市今井町1-3-3 時11:00〜22:00（火曜は〜18:00） 休無休 Pあり 近鉄八木西口駅から徒歩2分 MAP103

1レアチーズケーキセット850円。レアチーズケーキはプレーンと抹茶の2種類ある 2木材を基調にし、大きな窓から明るい光が差す店内。カウンターやテラス席もある

ジャズが流れる空間でひと休み

大川珈琲屋

おおかわこーひーや

フレッシュな豆を贅沢に使いていねいに淹れるコーヒーと、濃厚なレアチーズケーキが人気の店。和と洋が融合する空間で風味豊かなコーヒーが味わえると地元でも評判。

☎0744-47-3919 住橿原市今井町1-9-20 時13:00〜16:00 休月〜金曜 Pあり 近鉄八木西口駅から徒歩9分 MAP103

今井町の玄関口にある「Hackberry」。赤い蘇武橋と景観重要樹木の榎木が目印です。

江戸時代には薬問屋が並んでいた薬の町・大宇陀を訪ねました

かつて京と伊勢を結ぶ街道沿いに栄えた商家町であり、
漢方薬になる鹿の若角を獲る猟が行なわれた薬の町としても有名。
薬草を使った精進料理が味わえる大願寺など、町のあちこちにその名残があります。

宇陀松山城下町唯一の遺構である松山西口関門

「黒門」とも呼ばれる
宇陀松山の
シンボル

古い建物が数多く残る町並みは重要伝統的建造物群保存地区に選定されている

大宇陀へは

近鉄奈良駅から奈良線・橿原線・大阪線特急・急行（大和西大寺駅・大和八木駅乗り換え）で50分、830円、特急料金別途520円～、榛原駅下車。**榛原駅から**はバスを利用する。20分、440円、大宇陀下車。
問い合わせ先　宇陀市観光課　♪0745-82-2457

火災厄除の観音で知られる

大願寺 だいがんじ

推古時代に創建された由緒ある古寺で、火災で焼け残り「焼けずの観音」と呼ばれる十一面観音が本尊。予約をすれば裏山や境内で採れた薬草を使う精進料理がいただける。

寺院 ♪0745-83-0325 宇陀市大宇陀拾生736 境内自由 ¥薬草料理3800円（11:00～14:00、不定休、要予約）Pあり バス停大宇陀からすぐ MAP107

秋は境内や参道の紅葉が美しい

450年続く葛粉製造の元祖

森野吉野葛本舗

もりのよしのくずほんぽ

吉野で創業した後、良質な水と寒冷な気候が葛粉の製造に適する大宇陀へ移り、葛粉ひとすじで作り続ける老舗。店頭には、バラエティ豊かな葛商品が並ぶ。

吉野葛 ♪0745-83-0002 宇陀市大宇陀上新1880 9:00～16:30 休不定休 ¥旧薬園300円 Pなし バス停大宇陀からすぐ MAP107

江戸時代に開かれた裏山の薬園は国の史跡に指定

手軽に味わえる葛湯代々の友7個1350円

宇陀市松山重伝建地区の町並みを彩る

大宇陀では毎年、8月末にライトアップ「宇陀松山夢街道」、10月にダリアの花で通りを彩る「宇陀松山華小路」のイベントが開催されます。

穏やかな時間が流れる古民家カフェ

茶房あゆみ さぼうあゆみ

築190年の古民家を改装した居心地良い空間と店主のもてなしに心温まるカフェ。限定ランチやカレー、ピラフなどの軽食、挽きたての豆で淹れるコーヒーや甘味でひと休みを。

カフェ ☎090-5895-6470 宇陀市大宇陀上新1899-1 11:00～16:00 休木曜 Pあり バス停大宇陀から徒歩5分 MAP107

1

2

1時間を忘れてつい長居したくなる雰囲気。寒い季節は囲炉裏や薪ストーブであたたまって 2 1日10食限定のあゆみ定食1000円はコーヒー付き。豚の生姜焼きなど日替わりのメニューが登場する

薬の町の歴史がわかる

宇陀市歴史文化館「薬の館」

うだしれきしぶんかかんくすりのやかた

江戸時代後期から薬問屋を営んでいた細川家の邸宅を、薬にまつわる資料館として公開。大宇陀の町並みの中でもひときわ存在感のある屋敷で大宇陀の歴史に触れられる。

資料館 ☎0745-83-3988 宇陀市大宇陀上2003 10:00～16:00 休月・火曜(祝日の場合は翌平日休)、12月15日～1月15日 ¥310円 Pあり バス停大宇陀迫間から徒歩10分 MAP107

薬看板などの展示物をはじめ郷土資料もそろう

ふんわり食感が愛される銘菓

松月堂 しょうげつどう

卵白を泡立てたメレンゲに黄身の衣を巻いて焼き上げる、ふんわり口当たり良い和菓子、きみごろもで知られる和菓子店。夏期限定の葛まんじゅうも人気。

和菓子 ☎0745-83-0114 宇陀市大宇陀上1988 8:00～17:00(季節により変更あり) 休水曜 Pなし バス停大宇陀高校から徒歩5分 MAP107

きみごろも1個151円はおみやげにぴったり

明治前期の町家を改修した「まちづくりセンター千軒舎」では、市内で唯一、町家の内部を見学できます。

myことりっぷ

大和路の季節に寄り添って花と紅葉の社寺をめぐります

大和路に季節を告げる花や紅葉のシーンは、
社寺を詣でる大きな楽しみです。
彩りを追って、大和路をめぐりましょう。

長谷寺

はせでら

見ごろ **4月下旬～5月上旬**

「花の御《み》寺《てら》」と虚子も愛でたボタンの寺

万葉集や源氏物語、枕草子など数多くの文学に登場し、「わらしべ長者」の舞台となった寺院。出世、縁結びにご利益がある。春には約150種、約7000株のボタンが咲き、心を和ませる。

☎0744-47-7001 ⌂桜井市初瀬731-1 ⏰8:30～17:00(10～11月、3月は9:00～17:00、12～翌2月は9:00～16:30) 休無休 ¥500円 Pあり 👣近鉄長谷寺駅から徒歩15分 MAP付録③

1

2

3

1登廊を囲むように咲くボタンは約150種 2徳川家光が寄進した本堂をはじめ、多くの国宝がある 3山肌に広がる境内。遠くに本堂の舞台を望む

室生寺

むろうじ

見ごろ **4月中旬～5月上旬**

シャクナゲが包む真言密教の山寺

春になると境内をシャクナゲが鮮やかに彩り、日本最小の五重塔との対照も美しい。女性も参拝できたことから、高野山に対して「女人《にょにん》高《こう》野《や》」とも呼ばれる真言宗の寺。

☎0745-93-2003 ⌂宇陀市室生78 ⏰8:30～17:00(季節により変更あり) 休無休 ¥600円 Pあり 👣バス停室生寺から徒歩5分 MAP付録③

1

2

3

1国宝の本堂は鎌倉時代の建築 24月中旬～5月にかけてシャクナゲ祭りが開催される 3初夏に約3000株のシャクナゲが咲く

談山神社
たんざんじんじゃ

見ごろ 11月中旬～12月上旬

春の桜、秋の紅葉 豊かに色づく神社

檜皮《ひわだ》葺きの十三重塔、朱塗りの本殿などを朱や黄の紅葉が取り囲む。藤原鎌足を祀り、十三重塔は、木造十三重塔としては世界唯一の遺構。春と秋にけまり祭が行なわれる。

☎0744-49-0001 ⌂桜井市多武峰319 ⏰8:30～16:30(11月中旬のライトアップ時は～19:30) 休無休 ¥600円 Pあり バス停談山神社から徒歩10分 MAP付録③

1 十三重塔を染め上げるような紅葉　2 境内一帯で絵画のような景色が見られる

矢田寺
やたでら

見ごろ 6月上旬～7月上旬

雨に艶めくアジサイの寺

正式名称は金剛山寺。梅雨どき、約1万株ものアジサイが咲き誇ることからあじさい寺とも。境内には本堂や開山堂が建ち、本尊の木造地蔵菩薩立像をはじめ重文も多い。

當麻寺
たいまでら

見ごろ 4月下旬～5月上旬

中将姫伝説を彩る 大輪のボタン

春は大輪のボタンが庭園に咲き誇る、中将姫ゆかりの寺。姫が五色の蓮糸で織ったと伝わる當麻曼荼羅でも知られる。聖徳太子の弟である麻呂子親王が建立した。

1 中之坊庭園に咲く見事なボタン　2 約1400年前に創建され、のちに當麻氏が氏寺とした

☎0745-48-2001(當麻寺中之坊) ⌂葛城市當麻1263 ⏰9:00～17:00(冬期は～16:30) 休無休 ¥本堂、金堂、講堂500円 Pあり 近鉄当麻寺駅から徒歩15分 MAP付録③

1 地蔵信仰の寺としても知られる　2 6・7月は約60種のアジサイに境内が埋もれる

☎0743-53-1445 ⌂大和郡山市矢田町3549 ⏰8:30～17:00 休無休 ¥6月1日～7月10日のあじさいのシーズンは700円 Pあり バス停矢田寺から徒歩6分（あじさいのシーズンにはJR法隆寺駅から臨時バスあり） MAP付録③

訪れるだけで懐かしい気持ちになれる。
はじめてなのに、親しみが持てる。
過ぎ去りし日々の温もりとともに、
優しい時間に包まれる。
奈良はそんな空間がすてきです。

吉野

桜で知られる吉野山へ。
ロープウェイを降りたら
大峯山に続く一本道の始まりです。
由緒ある古社寺をめぐり、
吉野葛のお菓子とお茶で一服。
春はもちろん、新緑や紅葉も
四季折々の楽しみがあるところです。

吉野を
さくっと紹介します

日本人の心に咲く花、桜の名所・吉野山。
山肌を桜色に染める春はもちろん
一年を通して美しい景色が広がります。

吉野駅で旅の支度をととのえる

とりあえず
ロープウェイの時刻をチェック

吉野山へは、近鉄吉野駅から徒歩約3分の千本口駅からロープウェイを使うのが一般的です。片道450円、往復800円で、通常は金～月曜の9時20分から17時20分の間で15分毎に運行。火～木曜は運休するので代行バスがあります。
桜や紅葉の季節には、ロープウェイの毎日運行、運行時間延長など変更があるのでHPの事前確認がおすすめです。なお山頂へは、千本口駅近くのロープウェイ脇道から七曲り坂の散策道を約20分歩けば着きます。

吉野山ロープウェイ P.123

重たい荷物は置いて行きたい
駅のコインロッカーへ

近鉄吉野駅改札を出てすぐのところにあります。大きさは3種類です。

吉野の便利なプチ情報

観光案内所で情報集めを

近鉄吉野駅を出てすぐの観光案内所では、宿の情報を聞いたり、観光パンフレットを入手できます。

ちょっとした買い物は売店へ

吉野山にはコンビニがありません。飲みものなどの買い物は参道にある売店で。

もっとも賑わう桜の時期

春はとくにおすすめなのですが…

"一目千本"の桜を求める観光客で大変混雑します。そのためピーク時には吉野山への車の乗り入れができない日があります。誘導に従って臨時駐車場(料金2000円)に車を止め、シャトルバス(無料)で下千本または中千本に向かいます。詳細は吉野山観光協会のHPなどで確認を。

問い合わせ先
吉野町観光案内所 ☎0746-39-9237 休 水曜

立派な名園を
有する由緒ある宿

竹林院 群芳園《ちくりんいんぐんぽうえん》 P.115

群芳園は、大和三名園のひとつに数えられる名園。吉野を代表する宿としても知られる。

吉野の
シンボル的存在

金峯山寺《きんぷせんじ》 P.114

国宝の蔵王堂が見もの。本堂は東大寺の大仏殿に次ぐ大きさの木造古建築物。

まず、どこ行く？

南朝の歴史に思いをはせる

如意輪寺《にょいりんじ》 P.114

南北朝時代、後醍醐天皇の勅願寺となった。裏山には、天皇陵が京都に向かって建っている。

由緒ある文化財を展示

吉水神社《よしみずじんじゃ》 P.114

もともとは寺院として創建したといわれる。南朝の歴史を語る上で欠かせない神社。

四季折々の景色を楽しむ

吉野山《よしのやま》 P.114

春の桜、初夏の新緑、秋の紅葉と、季節を問わず楽しめる吉野山は、山全体が奈良屈指の景勝地。

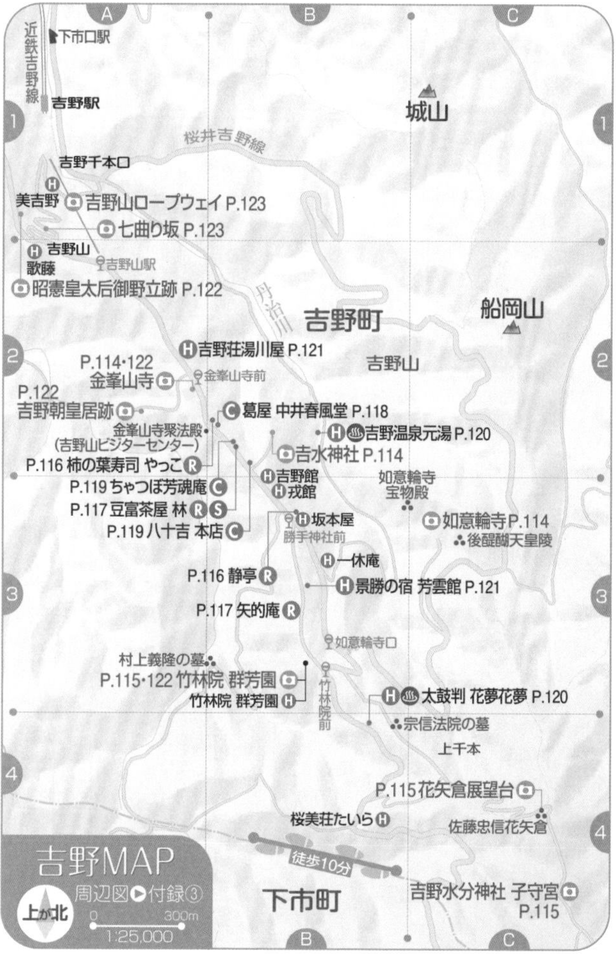

桜の名所として知られ「一目千本」といわれる吉野山。山全体を4つのエリアに分け、麓から順に下・中・上・奥千本と呼ばれています。

数々の史跡と季節の景観がある吉野山を散策しましょう

**歴史の舞台として幾度となく登場する吉野山。
山中に点在する社寺には、その時代の光と影が感じられます。
春は桜色、秋は燃えるような紅葉色に染まる名所としても有名です。**

1 金峯山寺 きんぷせんじ

蔵王権現を安置する吉野山のシンボル

修験道の根本道場。古くから聖域として知られた金峯山に、7世紀末、役小角《えんのおづぬ》が修行に入り、桜の木に蔵王権現の姿を刻んで祀ったのが始まりと伝わる。威容を誇る蔵王堂など迫力満点。

寺院 ☎0746-32-8371 住吉野町吉野山2498 時境内自由（蔵王堂拝観は8:30～16:00）休無休 ¥蔵王堂拝観800円（特別開帳時は別途）Pなし 交ロープウェイ吉野山駅から徒歩10分 MAP113 A-2

1蔵王堂は、東大寺大仏殿に次ぐ大きさの木造古建築 2大峯の山から来る信者を迎えるため、正面は南を向く 3仁王門に立つ金剛力士像（令和10年頃まで仁王門は解体修理中。金剛力士像は奈良国立博物館にて特別公開中）

2 吉水神社 よしみずじんじゃ

数々の歴史の舞台となった古社

かつては修験宗の僧坊のひとつだったが、明治初期の神仏分離令で神社となった。源義経潜居の間、後醍醐天皇玉座の間、太閤秀吉花見の品などがある。

神社 ☎0746-32-3024 住吉野町吉野山579 時9:00～16:30 休無休 ¥600円 Pあり 交ロープウェイ吉野山駅から徒歩20分 MAP113 B-2

かつては役行者が創建した寺院だった

見事な襖絵が残る後醍醐天皇玉座の間

3 如意輪寺 にょいりんじ

裏山に眠る後醍醐天皇の御陵

10世紀初めの創建。のちに後醍醐天皇の勅願寺となった。裏山の林には天皇親権が叶わず、無念の思いで崩御した天皇の御陵が京都に向かって築かれている。

寺院 ☎0746-32-3008 住吉野町吉野山1024 時9:00～16:00（4月観桜期は7:00～17:00）休不定休 ¥500円 Pあり 交バス停如意輪寺口から徒歩10分 MAP113 C-3

1926（大正15）年に建てられた多宝塔

蔵王権現像など南朝に関わる寺宝も多い

ぐるっと回って **4時間**

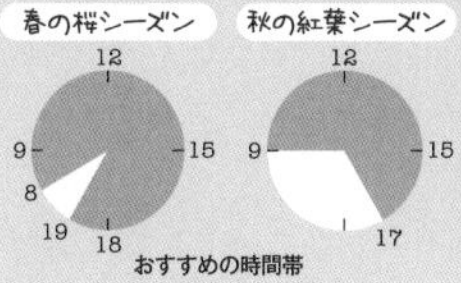

起点となるロープウェイ吉野山駅からは、金峯山寺の参道にあたる上りの一本道。周辺に見どころが点在します。桜のシーズンには、夜桜のライトアップが行なわれ、ロープウェイも通常より遅い時間まで運行します。

圧倒的な迫力！日本最大の秘仏

金峯山寺の本尊は、蔵王堂の3体の金剛蔵王権現像。青い体に憤怒の形相と右足を持ち上げた姿が印象的。国宝仁王門修理勧進のため、毎年一定期間ご開帳されます。

4 竹林院 群芳園

ちくりんいんぐんぽうえん

名園を持つ歴史ある宿坊

聖徳太子の創建と伝わる椿山《ちんざん》寺《じ》を後に竹林院と改名。修験者をはじめ文人なども訪れた宿坊として知られる。庭園の群芳園は、細川幽斎が改修したといわれ、大和三名園のひとつ。宿泊や昼食の利用もできる。

庭園・宿 ☎0746-32-8081 ⌂吉野町吉野山2142 ⏰8:00～17:00 休不定休 ¥群芳園400円（宿泊客は不要）Ⓟあり 👣ロープウェイ吉野山駅から徒歩25分 MAP 113 B-3

1多くの文化人も宿泊した歴史と風格ある建物 2江戸末期の襖絵が見事な部屋もある 3群芳園は池泉回遊式の借景庭園 4護摩堂には聖徳太子坐像が安置される

5 花矢倉展望台

はなやぐらてんぼうだい

吉野山随一の絶景スポット

眼下に広がる上千本、中千本の景色や、金峯山寺蔵王堂が見下ろせるビュースポット。金剛や葛城といった遥かに連なる山々も眺望できる。

展望台 ☎0746-32-1007（吉野山観光協会）⌂吉野町吉野山 ⏰見学自由 Ⓟなし 👣バス停奥千本口から徒歩30分 MAP 113 C-4

春は桜色に染まる山々が一望できる

6 吉野水分神社 子守宮

よしのみくまりじんじゃこもりのみや

子授け、安産祈願の神社

水の分配を司る天之水分大神を主祭神とし、玉依姫命以下6柱の神を祀る神社。豊臣秀吉が祈願して授かった申し子の秀頼が1604（慶長9）年に再建した社殿は、桃山様式建築で重要文化財。

神社 ☎0746-32-3012（宮司宅）⌂吉野町吉野山1612 ⏰8:00～16:00（4月は～17:00）※早く閉める場合あり 休不定休 ¥無料 Ⓟあり 👣バス停奥千本口から徒歩30分 MAP 113 C-4

1赤い鳥居をくぐった先が楼門 2社殿は本殿・幣殿・拝殿・楼門などからなり、見どころが多い 3本殿は三殿一棟造りでおごそかな雰囲気

金峯山寺や吉野水分神社 子守宮をはじめ、世界遺産の建造物が点在する吉野山。2004年、山全体も世界遺産に登録されました。

落ち着いた雰囲気でゆったり 吉野山のごはん

**美しい桜や歴史の舞台だけでは語りつくせない吉野山。
お腹がすいたら、四季折々の眺めや温かい雰囲気とともに
おいしいものが味わえるお店にも立ち寄ってみてください。**

1 鹿肉、胡麻豆腐、山くらげなど、地元の食材をふんだんに使う静プレート3500円　2 木の温もりを感じられる店内。1階テラス席、2階座敷ともに絶景を一望できる　3 鴨肉の旨みが平たい葛うどんにからむ、鴨葛うどん定食1400円

代々受け継がれてきた吉野の味覚を

静亭《しずかてい》

静御前と縁ある勝手神社の向かい側にあり、1948（昭和23）年に創業。のどごしのよい葛うどんや自家製柿の葉すしなど、吉野の味で旅人をもてなしてくれる。祖母が開いた店を継承する若女将の笑顔にも癒やされる。

☎0746-32-3157
住 吉野町吉野山952
時 9:00～18:00 休 不定休 P あり
交 ロープウェイ吉野山駅から徒歩20分
MAP 113 B-3

1 本葛粉と桜を練り込んだそうめんから、ふわりと桜の香りがする、春限定の桜めんセット1450円　2 大きな窓から吉野桜に染まる山々が一望できる　3 ほのかな甘みに渋みが加わる番茶葛湯450円は名産の吉野葛と番茶を使う

吉野山のパノラマビューをひとりじめ

柿の葉寿司 やっこ《かきのはすしやっこ》

金峯山寺の門前にある柿の葉寿司の老舗。創業当時から独自の製法を受け継ぐ柿の葉寿司をはじめ、吉野葛の甘味や期間限定メニューもそろう。江戸時代の天井や梁を残しつつ改装した、店内からの眺めも魅力。

☎0746-32-3117
住 吉野町吉野山543 時 9:00～16:30
休 水曜（4・11月は無休） P あり
交 ロープウェイ吉野山駅から徒歩11分
MAP 113 B-2

お花見のおともに桜スイーツを

和菓子店「萬松堂」のさくら羊羹や、喫茶店「陽ぼっこ」の桜アイスクリームなど、参道沿いには桜のスイーツが味わえるお店も。

1 だし醤油をかけて味わうザル豆腐が美味。豆腐づくし膳1450円
2 吉野杉を贅沢に使った清々しい空間にはテーブル席のほか座敷もある
3 パンケーキ&豆乳ソフトセット1000円

大豆の風味が濃厚な作りたて豆腐

豆富茶屋 林

とうふちゃやはやし

国産大豆と吉野大峰山系の軟水を使用し、13%以上の高濃度豆乳で作る豆腐が、参道を少し上がったところにある林とうふ店から毎日届く。職人がていねいに仕上げる豆腐や、濃厚な豆乳を活かしたスイーツなど滋味ある一品が評判。

☎0746-32-5681
⌂吉野町吉野山551 ⏰9:00～16:30
休 火・水曜（4・11月は無休） P なし
ロープウェイ吉野山駅から徒歩20分
MAP 113 B-2

1 ざるそば1100円は蕎麦湯まで堪能して 2 2階は昭和ノスタルジーを感じる座敷席。半地下のような1階は秘密基地のよう 3 さくりと揚がった季節の天ぷら990円は山菜の時季が特に人気

どこか懐かしい趣が漂う古民家へ

矢的庵

やまとあん

山の斜面に張りつくように建てられた吉野特有の古民家で、手打ち蕎麦がいただける。生まれ育った吉野のおいしい水でそばを打ちたくて戸隠へ修業に出たという店主が、素材ひとつまで選び抜いた一枚をぜひ。

☎090-2478-5834
⌂吉野町吉野山2296下
⏰11:00～16:30 休 不定休 P あり
ロープウェイ吉野山駅から徒歩22分
MAP 113 B-3

自然豊かな吉野の里で おいしい本葛をいただきましょう

吉野の名産品として知られる吉野葛。
なかでも上質な本葛から作る一品が自慢のお店で
本物の味わいに触れてみませんか。

1

賞味期限わずか10分
はかなく純粋な本葛を

3
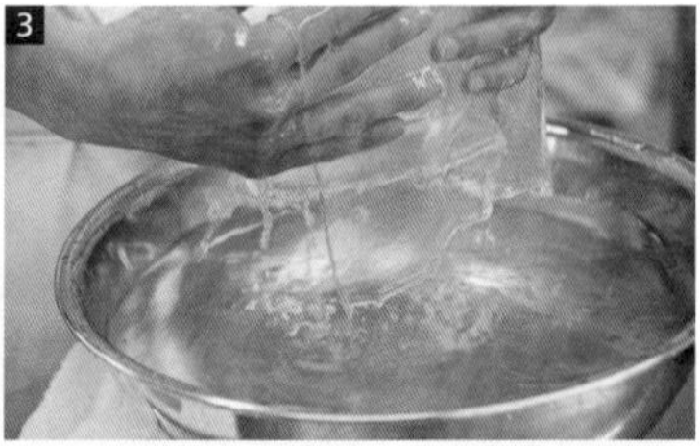

4

2

5

葛屋 中井春風堂《くずやなかいしゅんぷうどう》

6

1吉野本葛切り820円は作りたての風味を保てるよう人肌くらいの温度で提供　2本葛と和三盆で作る極上本葛菓子6枚入1800円～　3 4葛餅、葛切りを注文すれば解説付きの実演も　5大きな窓から吉野山の景色も楽しめる　6葛や葛菓子の購入も気軽に

できたてが醸す味わいを実感できる葛の専門店。吉野本葛の良さを最大限に引き出せるようベストな製法を探究する主人の丁寧な解説を聞ける。実演を眺めた後にいただく葛切りは、葛本来の甘みと食感がある。

0746-32-3043 吉野町吉野山545 10:00～16:30 休水曜、第2･4木曜(冬期は土･日曜のみ営業) Pあり ロープウェイ吉野山駅から徒歩15分 MAP113 B-2

葛ラムネCOHORO／42粒860円
ほのかな酸味とシュワシュワ感が
口の中で楽しく広がる

吉野葛は修行中の貴重な食料

葛は荒地でも育つ強い植物です。吉野大峰山で修行中の山伏たちが自給自足のために食し、故郷に持ち帰り各地に広まったといわれています。

老舗の誇り伝わる最高級品の葛切り

八十吉 本店

やそきちほんてん

創業1851（嘉永4）年、吉野葛製造から喫茶まで営む店。天女の羽衣を思わせる美しい葛切り・吉野天人の滑らかな舌触りは感動的。口の中でとろりととける、優しい甘さの葛菓子も。

☎0746-32-8739 住吉野町吉野山561-1 ⏰11:00〜16:30 休水曜 Pあり 👣ロープウェイ吉野山駅から徒歩20分 MAP 113 B-2

1とろみのある黒蜜をくぐらせて。吉野天人（抹茶付き）1080円 2吉野山を望むテラス席もある 3本店に併設された喫茶室 4葛お干菓子・中花1箱600円

千本の桜を前にプルルン葛菓子

ちゃつぼ芳魂庵

ちゃつぼほうこんあん

吉野山でいち早く葛餅を提供したという歴史ある茶屋。看板メニューのくず花は、上質な吉野本葛で作る葛餅の食感と、小豆からこだわる自家製つぶ餡のピュアな甘さが絶妙な一品。

☎0746-32-8207
住吉野町吉野山550
⏰9:00〜17:00
休不定休 Pあり
👣ロープウェイ吉野山駅から徒歩15分
MAP 113 B-2

1静寂が心地よい座敷から吉野の山々を観賞 2桜の塩漬けが甘みを引き立てる、くず湯650円 3炊きたての餡を包んだくず花は抹茶付きで750円

下千本駐車場前には、葛の元祖 八十吉の花山店もあります。山々が一望できる開放的なテラス席でゆったり過ごせますよ。

たっぷりの湯とともに疲れも流す
吉野の人気宿でくつろぎましょう

せっかく吉野山を訪れたなら、日常を忘れて癒しのひとときを。
文豪に縁ある老舗、ロケーションや四季折々の山の幸を活かす料理など
吉野ならではを味わえる宿をご紹介します。

吉野の温泉宿は入湯税100円が必要です。

1旅の疲れを癒してくれる行者の湯　2どこか懐かしい雰囲気のロビー　3素泊まり5500円～で利用できるゲストハウス、KAM INNもある

太鼓判 花夢花夢 たいこばんかむかむ

温泉と食事と静寂な時間でリラックス

アットホームな雰囲気が居心地いい、自然に囲まれて静かな時間を過ごせる宿。地元の山菜や吉野川の魚などを使う創作会席と、地形を生かした庭が素敵な半露天風呂の活性石温泉が自慢。

0746-32-3071 吉野町吉野山2041 IN16:00 OUT10:00 室和8 Pあり ロープウェイ吉野山駅から徒歩30分 MAP 113 B-4
（送迎サービスあり）
（半露天風呂あり）

料金プラン
1泊2食付13000円～
（2名1室／ 1名分）

1少し赤みを帯びた湯が浴槽を満たす、源泉かけ流しの温泉　2吉野山の四季の風情が楽しめる客室　3深い緑の中に建つ

吉野温泉元湯 よしのおんせんもとゆ

文豪も滞在した吉野の隠れ湯

島崎藤村が滞在したことでも知られる宿。300年以上の歴史があるという源泉かけ流しの温泉、客室や浴室から眺める四季折々の風情ある日本庭園や周囲の山々の景色が、日々の疲れを癒してくれる。

0746-32-3061
吉野町吉野山902-1
IN14:30 OUT10:00
室和6 Pあり 近鉄吉野駅から徒歩25分 MAP 113 B-2
（送迎サービスあり）

料金プラン
1泊2食付17600円～
（2名1室／ 1名分）

温泉好きを魅了するお湯

良くあたたまり、保湿や美肌にも良いといわれる吉野温泉。名湯の宿を好んだ若き日の島崎藤村が長期滞在したこともあるそうです。

1

2

3

1吉野山の四季を一望できる露天風呂　2歴史を感じる趣のある外観　3リニューアルした露天風呂テラス付客室

吉野荘湯川屋 よしのそうゆかわや

吉野の魅力を堪能できるあたたかみのある宿

金峯山寺の門前宿として350年以上営む老舗旅館。2020年には「インフィニティ露天風呂」や露天風呂付客室がオープン。名物「西行鍋」を一品とする会席料理も好評で、週末には日帰り入浴も可能。

0746-32-3004　吉野町吉野山440　IN15:30 OUT10:00　室 和13、和洋1　P あり　ロープウェイ吉野山駅から徒歩5分

MAP 113 A-2

送迎サービスあり

露天風呂あり

料金プラン

1泊2食付20900円～（2名1室／1名分）

1

2

3

1桜が満開の斜面を見下ろす露天風呂　2館内には吉野杉をふんだんに使用　3落ち着いたたたずまいの客室

景勝の宿 芳雲館 けいしょうのやどほううんかん

吉野の自然美を満喫できる宿

吉野山中央の高台にあり、露天風呂やすべての客室から眺められる四季折々の吉野山の絶景が自慢。ロビーにある囲炉裏や大自然に囲まれたお風呂でくつろぎの時間を。

0746-32-3001　吉野町吉野山2340　IN15:30 OUT10:00　室 和25、和洋1　P あり　ロープウェイ吉野山駅から徒歩20分

MAP 113 B-3

送迎サービスあり

露天風呂あり

料金プラン

1泊2食付16000円～（2名1室／1名分）

日帰り入浴できる旅館もありますが、季節によってはできない場合もあるので、事前に確認しましょう。

桜、あじさい、紅葉 吉野の自然を感じましょう

**一目千本と言われる春の桜をはじめ
四季折々の絶景を見ることができる吉野山。
自然と史跡が織り成す悠久の景色を眺めに出かけませんか？**

1

4

2

3

春

1 昭憲皇太后御野立跡《しょうけんこうたいごうおのだちあと》

ロープウェイ吉野駅から北へ少し山を下ったところ。吉野山観光駐車場の近くで下千本が一望できる人気スポット。

☎0746-32-1007（吉野山観光協会）MAP 113 A-1

2 竹林院 群芳園《ちくりんいんぐんぽうえん》

豊臣秀吉が花見を行なったこともある庭園。山桜より早く開花するしだれ桜「天人の桜」などが見事に咲き乱れる。

P.115

3 金峯山寺《きんぷせんじ》

大塔宮護良親王が吉野城落城の寸前に、蔵王堂の正面にある4本の桜の前で最後の酒宴をしたといわれている。

P.114

4 吉野朝皇居跡《よしのちょうこうきょあと》

晩年の後醍醐天皇が皇居とし最期の時を迎えた、金輪王寺の史跡。桜の木々の中にひっそりとたたずむ。

☎0746-32-1007（吉野山観光協会）MAP 113 A-2

冬の吉野山も素敵

多くの人で賑わう春や秋とはまた別の趣がある吉野山の冬。雪景色や金峯山寺の節分会など、冬だけの光景も見られます。

初夏

5 七曲り坂《ななまがりざか》

ロープウェイ千本口駅近くから山へと続く曲がりくねった坂道。梅雨になると約3000株のあじさいが咲き誇る。

☎0746-32-1007（吉野山観光協会）

MAP 113 A-1

秋

6 吉野神宮《よしのじんぐう》

不撓不屈の精神を持つと評される後醍醐天皇を祀り、社殿は、近代神社建築の代表作として知られる。秋の紅葉に、春は桜も美しい。

☎0746-32-3088 MAP 付録③

7 高城山展望台《たかぎやまてんぼうだい》

展望台へ向かう坂道がモミジのトンネルになる名所。もちろん展望台から一望する紅葉した山々も見もの。

☎0746-32-1007（吉野山観光協会）MAP 付録③

8 吉野山ロープウェイ《よしのやまロープウェイ》

下千本の木々が紅葉に染まる様子をロープウェイから見下ろす景色が楽しめる。夜はライトアップイベントも。→P.108。

☎0746-39-9254（吉野大峯ケーブル自動車／山上ケーブル）料 片道450円、往復800円 MAP 113 A-1

夏の蛙飛び行事や七夕祭りなど、吉野山では通年さまざまな行事があります。その時々の山の景色とともに楽しんでください。

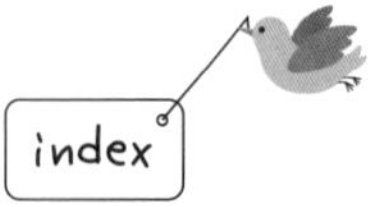

あ

か

📷 みどころ Ⓡ レストラン Ⓒ カフェ Ⓢ ショップ Ⓗ ホテル ♨ 温泉

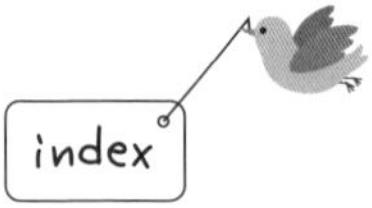

な

は

みどころ Ⓡレストラン Ⓒカフェ Ⓢショップ Ⓗホテル 温泉

ことりっぷ co-Trip

奈良・飛鳥

STAFF

●編集
ことりっぷ編集部
Union Synapse
●取材・執筆
Union Synapse（トリイヨシコ）、岩朝奈々恵、大本ふみ
アイドマ編集室（外岡実）
●撮影
夏見タカ、鈴木誠一、マツダナオキ、津久井珠美、高見尊裕、木村有希、大西としや、木村ゆり、東泰宏、久岡健一、松村健吾、三村博史、宮田清彦、向井勝治、小川康貴、田村和成、昭文社（保志俊平）
●表紙デザイン
GRiD
●フォーマットデザイン
GRiD
●キャラクターイラスト
スズキトモコ
●本文デザイン
GRiD、しろいろ（小筆夏海）
●DTP制作
明昌堂
●地図制作協力
エムズワークス
●校正
高杉周一
田川企画
●協力
関係各市町村観光課・観光協会
関係諸施設
奈良市観光協会
飛鳥園
淺川敏

2024年2月1日　5版1刷発行

発行人　川村哲也
発行所　昭文社
本社：〒102-8238 東京都千代田区麹町3-1

☎0570-002060（ナビダイヤル）
IP電話などをご利用の場合は☎03-3556-8132
※平日9:00～17:00（年末年始、弊社休業日を除く）

ホームページ https://www.mapple.co.jp/

●掲載データは、2023年9～10月の時点のものです。変更される場合がありますので、ご利用の際は事前にご確認ください。消費税の見直しにより各種料金が変更される可能性があります。そのため施設により税別で料金を表示している場合があります。なお、感染症に対する各施設の対応・対策により、営業日や営業時間、開業予定日、公共交通機関に変更が生じる可能性があります。おでかけになる際は、あらかじめ各イベントや施設の公式ホームページ、また各自治体のホームページなどで最新の情報をご確認ください。また、本書で掲載された内容により生じたトラブルや損害等については、弊社では補償いたしかねますので、あらかじめご了承のうえ、ご利用ください。
●電話番号は、各施設の問合せ用番号のため、現地の番号ではない場合があります。カーナビ等での位置検索では、実際とは異なる場所を示す場合がありますので、ご注意ください。
●料金について、入場料などは、大人料金を基本にしています。
●開館時間・営業時間は、入館締切までの時刻、またはラストオーダーまでの時刻を基本にしています。
●休業日については、定休日のみを表示し、臨時休業、お盆や年末年始の休みは除いています。
●宿泊料金は、基本、オフシーズンの平日に客室を2名1室で利用した場合の1人あたりの料金から表示しています。ただし、ホテルによっては1部屋の室料を表示しているところもあります。
●交通は、主要手段と目安の所要時間を表示しています。ICカード利用時には運賃・料金が異なる場合があります。
●本書掲載の地図について
測量法に基づく国土地理院長承認（使用）
R 5JHs 14-162199　R 5JHs 15-162199
R 5JHs 16-162199　R 5JHs 17-162199

ISBN 978-4-398-16219-9
定価は表紙に表示してあります。